華福文摘

擘·開·生·命·之·餅

路加五個獨有的比喻

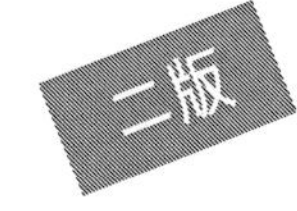

馮 蔭 坤 著

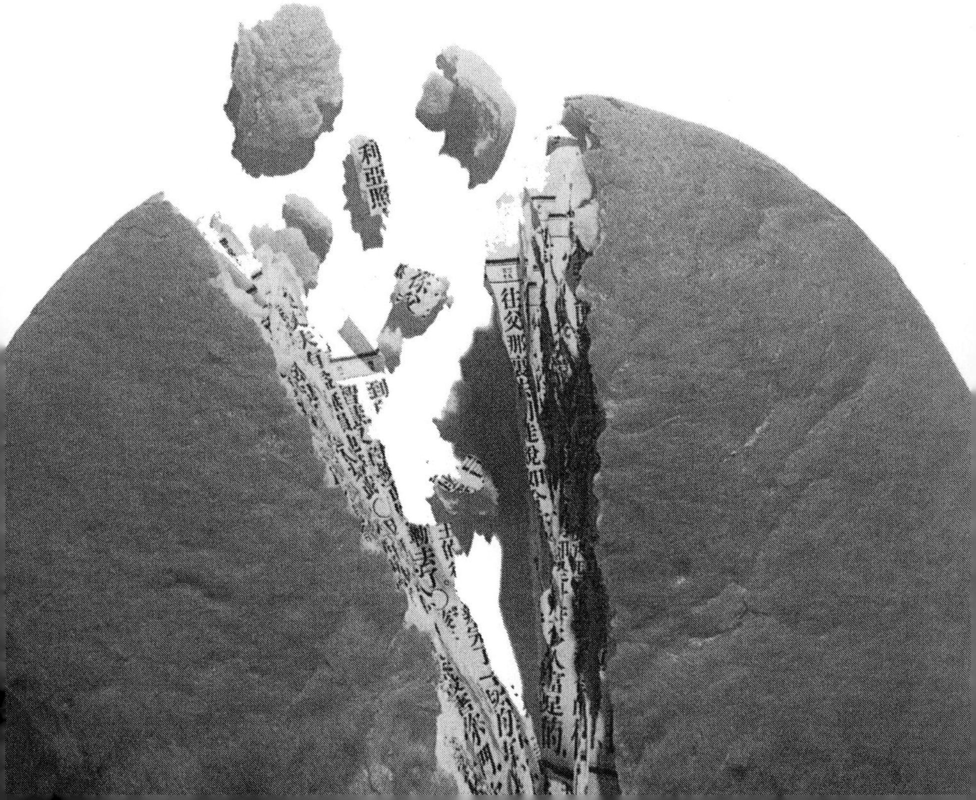

▼

華福文摘

擘開生命之餅

路加五個獨有的比喻

Perspectives on Life

Five Lucan Parables

作者

馮蔭坤 Fung, Ronald Y.K.

裝幀設計

蔡桂球

攝影

唐小超

■

出版 / 發行

基道出版社

香港沙田火炭坳背灣街 26 號富騰工業中心 10 樓 1011 室

LOGOS PUBLISHERS

Unit 1011, 10/F., Fo Tan Ind. Centre, 26 Au Pui Wan St., Shatin, Hong Kong

電話：(852) 2687-0331 傳真：(852) 2687-0281

網址：http://www.logos.com.hk

承印

Cre8 Corp

●

6/1990 初版 10/1992 二版

2/2016 二版 POD 版

Cat. No. LP105-2B

ISBN-10: 962-7048-72-0

ISBN-13: 978-962-7048-72-5

Printed in Hong Kong

刷次	10	9	8	7	6	5				
年份	2029	2028	2027	2026	2025	2024	2023	2022	2021	2020

獻給岳母

唐伍玉美女士

並藉此書記念岳丈

唐賓南先生 MBE, JP（1903～1976）

目錄

序

數年前，筆者曾有這樣的夢想：將路加獨有的比喻逐一研究並寫成文章，既可用作講道的材料，亦盼日後可結集成一本書。選用路加福音的原因很簡單：在四本福音書的作者中，路加以其優雅的文筆和濃厚的人情味見稱，最為人所熟知的一些比喻，如「好撒瑪利亞人」、「浪子」、「法利賽人和稅吏」等，都是路加「獨家報導」的；而且有這方面的好書（英文的）可幫助筆者的研究。

然而，夢境成眞畢竟只是極少數「得天獨厚」者的權利。雖然路加獨有的十五個比喻是選定了[1]，但部分由於研究和撰寫需要花很多時間和心血（而筆者的能力和精力有限），亦由於筆者覺得需要專心從事撰寫注釋書的工作，所以研究比喻的計劃還未到半途便擱置了。猶幸已完成的五篇文章（注1第一、二、七、十及十五個比喻）得以「特稿」的方式在《今日華人教會》月刊中連載（一九八五年五、六、八、十、十二月份），亦喜見有一位讀者投函該刊表示欣賞[2]。

現在筆者應邀讓華福聯絡中心將此五篇文章出版成書，除了在此對出版者——尤其是曾在文字方面費神潤色那些文章的《今日華人教會》編者、現任出版部副主任倫志文先生，及與華福合作出版此書的基道書樓的同工——謹致謝意之外，還想就此書的出版作一兩點解釋，並且表達一些感受和盼望。

㈠「心被恩感」（西三16）是筆者此時的寫照。一項未完成計劃中的幾篇文章竟然將會出版成書，這實在是神的恩典，是令筆者異常興奮的、特別的「聖誕禮物」——儘管「將會出版」有待變成「已經出版」（時態是何等重要的東西！）。

㈡這幾篇文章各自獨立，可按任何次序閱讀。書中的次序，大致上可代表（從個人的角度說）「信主、愛主、服侍主、等候主」這樣的一種邏輯進程（但這四樣在時間上是可以並且理當同時發生的）。另一方面，幾個比喻同樣强調神/耶穌基督在人生命中的重要性：是祂擺設了豐盛生命的大筵席，請人赴宴；惟有祂能白白地賜人永生；祂是所有人的債主，又是惟一能赦罪的、我們的愛的「應然」（與「實然」相對）對象；祂是生命之主，我們所有的一切都是祂的賜予，祂應是我們委身事奉的對象；祂更是歷史之主，要在末日施行審判與賞賜，全人類和每個人的命運都在祂手中。

㈢本書不是詳論比喻的專題研究，書中甚至沒有一篇「如何解釋比喻」之類的文章。不過，本書各篇也許可視爲「以身示法」的實例（「示」，不是「試」！二者在音［至少就粵語而論］與義兩方面皆有分別）。[3]

㈣雖然本書的基本性質仍然沒有離開筆者的偏好——解釋經文的意思，但一來因爲比喻本身明顯地含有屬靈教訓，二來因爲筆者曾多次用這些文章的內容作爲講道的材料，故本書比筆者所寫的注釋書較着意引伸經文今日的應用[4]。這就是說，本書的文章超越了注釋書的「基層」釋義工夫，進到實際應用的層次。說得大膽一點，這些文章可視爲筆者「釋經講道」的一些樣本，或許在這方面也有點參考價值。

㈤本書以許多信徒心愛的一首聖詩[5]的歌名命名。主耶穌在世上公開傳道之始，曾以這話擊退試探祂的魔鬼：「人的生存不僅是靠食物，而是靠上帝所說的每一句話。」（太四4［《現中》］，引申八3）因爲祂是「上帝所差遣的那一位，［祂就］傳講上帝的話」（約三 34，《現中》），對門徒如是（參約十四 10，十七 8），對門徒以外的人亦如是（參約七 17）；祂所說的話能賜人屬靈的生命，也是維持及滋養這生命的食物（約六 63）。因此彼得代表衆門徒對耶穌的宣認是：「主！惟你有永生的話，我們去投奔誰呢？我們已經相信，並且知道你是上帝的聖者。」（約六 68 ［《思高》］、69 ［《新譯》］）[6] 筆者的祈求就是，主耶穌昔日所講的這些比喻、這些「永生的話」，同樣在今天對每位讀者成爲「生命之糧」。

馮蔭坤謹誌

一九八九年十二月八日

香港中國神學研究院

附注

1 計爲：兩個負債人（七 41 ～ 43 ）、好撒瑪利亞人（十 30 ～ 37 ）、半夜來求的朋友（十一 5 ～ 8 ）、無知的財主（十二 16 ～ 21 ）、不結實的無花果樹（十三 6 ～ 9 ）、筵席首位（十四 7 ～ 11 ）、大筵席（十四 15 ～ 24 ）、失錢（十五 8 ～ 10 ）、失去的兒子（十五 11 ～ 32 ）、不義的管家（十六 1 ～ 8 ）、財主和拉撒路（十六 19 ～ 31 ）、無功的僕人（十七 7 ～ 10 ）、寡婦和法官（十八 1 ～ 8 ）、法利賽人和稅吏（十八 9 ～ 14 ）、交銀與十僕（十九 12 ～ 27 ）。

2 'Be thankful for small mercies' 是句至理名言！這位署名「舒靈」的本港讀者認爲：「作者對福音書中的比喻詳盡地闡釋，還有細心的附注，令讀者得以明白當中的屬靈意義，實在是上好的研經資料！」舒君還「盼望貴刊有更多這一類研經的文章」（《今日華人教會》一九八六年七月 [海外版一九八六年八月] 3 ）。筆者完全不認識這位「知音人」，在此引述其評語（希望這樣做沒有違反經訓；參箴二十七 2 ），除了表示受到鼓勵外，還希望此語有間接推介本書的作用！

3 讀者若有興趣，可參閱《你所念的你明白麼？——神話語的詮釋》一書（責任編輯：吳羅瑜、許志賢；香港中國神學研究院，一九八九）第一一八、一一九頁「解釋比喻的原則」一段（此段文章的作者爲褚永華博士），甚或將該段與本書各篇作比較，看那些原則如何被應用出來。

4 筆者之注釋書的性質，與《中文聖經註釋》（香港基督教文藝出版社）的「旨趣」相符：「本書爲釋義性質……。有關應用、靈修，及講道上的建議……本書從略。」但認爲後者「屬讀者個人領略的範圍」（上引句第二次省略的話）此一見解，筆者未能完全同意，因爲「個人領略」若不是基於客觀的研經法及正確的釋經，很容易陷入「流於主觀、誤解誤用聖經的危險」。關於這種危險，吳羅瑜女士在其「《全人投入的讀經》讀後感」一文中——載於張修齊：《全人投入的讀經》（香港中國神學研究院，一九八九），頁 137 ～ 143（尤其是頁 139 ～ 142 [上引句出自頁 141] ）——有切中時弊的精闢評論。筆者喜見拙作《腓立比書註釋》的一位評閱者（梁康民牧師）認爲，「由於（該書）在經訓的解釋上，已經很詳盡和淸楚，因此，讀者在領會經文對今日信徒的意義上，就不會遇到太大的困難」（《華人神學期刊》第三卷第一期 [總第五期．一九八八年六月] ，頁 103 ）。

5 《頌主新歌》（香港浸信會出版部，一九七三）第二四一首。

6 在上述經文中，「話」字在原文皆爲 *rhēma*（單數：太四 4 ；申八 3 [七十士譯本] ；複數：約三 34 ，六 63 、 68 ，十四 10 ，十七 8 ）。此字與 *logos* 的分別，在於前者指所說的話，後者則指話的內容。

一　神國的請柬

——大筵席的比喻
（路十四 15～24）

15 同席的有一人聽見這話，就對耶穌說：「在神國裏
吃飯的有福了！」

16 耶穌對他說：「有一人擺設大筵席，請了許多客。
17 到了坐席的時候，打發僕人去對所請的人說：『請來吧！
樣樣都齊備了。』

18「眾人一口同音地推辭。頭一個說：『我買了一塊
地，必須去看看。請你准我辭了。』

19「又有一個說：『我買了五對牛，要去試一試。請
你准我辭了。』

20「又有一個說：『我才娶了妻，所以不能去。』

21「那僕人回來，把這事都告訴了主人。家主就動怒，
對僕人說：『快出去，到城裏大街小巷，領那貧窮的、殘
廢的、瞎眼的、瘸腿的來。』

22「僕人說：『主啊，你所吩咐的已經辦了，還有空
座。』

23「主人對僕人說：『你出去到路上和籬笆那裏，勉
強人進來，坐滿我的屋子。24 我告訴你們，先前所請的人
沒有一個得嘗我的筵席。』」

比喻的背景
（15節）

有一個安息日，耶穌到一個法利賽人領袖的家裏赴宴（1節）[1]。祂治好了一個患水腫病的人（2～6節），用比喻告誡那些替自己挑選筵席首位的客人不要「自取其辱」（7～11節），又對宴請祂的主人訓以「好客之道」（12～14節）[2]。祂向主人應許說：你若宴請那些沒有能力回報的人，「到義人復活的時候，你要得着報答」。有分於義人的復活，乃是法利賽人操練敬虔的整個目的；為要厠身於「復活的義人」此一末日的團體，他們樂於努力遵守律法。他們不惜付出嚴厲捨己的代價，其推動力就是要得到末日的祝福，那時神要賞賜祂僕人事奉的勞苦。因此，耶穌提及「義人復活的時候」，就使同席的一個人很自然地想到彌賽亞的筵席──「在神國裏吃飯」（15節）[3]。以「筵席」代表天國的福澤，是拉比常用的講法；耶穌本人亦有採納這種講法（路十三29），尤其以和祂一同坐席表達與祂相交之意（路二十二29、30；參啓三20）。按當時一般猶太人的觀念，一切「有體面」的猶太人都會有分於彌賽亞的筵席，法利賽人可能更以此為他們的特權。第15節的那個客人，就算不是個法利賽人，至少也必是個自認為有體面的猶太人；他顯然感到自己相當有把握參與天國的筵席，因此可以帶着愉悅的憧憬，滿懷自信地對耶穌說：「能夠在上帝的國裏享受筵席的人多麼有福啊！」（《現中》）[4]

耶穌就對他講了下面的比喻作為回應。

大筵席之喻
（16～24節）

這比喻所描述的情節，可被視為一首三部曲：先有家主的鄭重邀請赴宴（16、17節），其次是客人異口同聲的推辭

（18～20節），最後爲家主動怒及其結果（21～24節）[5]。

1 鄭重邀請

有一個人準備舉行一盛大的宴會，邀請了許多客人[6]。「請了許多客」這句話的含意，就是他們都接受了邀請。在當代的猶太及羅馬上流社會中，請人赴宴包括兩個步驟：主人先打發僕人發出初步的邀請，然後屆時再差派僕人通知客人赴宴[7]。這是一種特別有禮的做法，在耶路撒冷的上層人士，更以「非兩次被邀則不赴宴」誇口[8]。第17節正反映了這第二次的邀請：到了開席的時候，主人就打發僕人去對被邀的人說：「請來吧，一切都準備好了！」[9]早獲邀請並且答允赴宴的客人，若於此最後的時刻不守約出席，是非常不禮貌的，甚至可說是對主人的一種侮辱，在亞拉伯部落中相等於宣戰的舉動[10]。

2 一致推辭

但在現實生活中不大可能發生的事，在比喻中竟然發生了：衆人——就是所有被請的人——都異口同聲地推辭（18節上）[11]！第18節下至20節提出了三個「借辭推搪」（《當聖》）的例子。頭一個的藉口，就是他「剛買了田，必須親自視察一番」（《當聖》）。有一解釋認爲，這兒的「先買後看」可能指一種交易上的特別安排，就是先成交，然後買主看過地，認爲滿意才作實；而「必須」一詞[12]，表示買主有法律上的責任要完成那宗買賣，因此間接强調他不可能赴宴[13]。可是，先視察田地，認爲滿意然後成交，顯然是較爲合理的做法；況且在中東，有關一塊田地的許多細節都會清楚寫明在契約上，至少在今天來說，沒有人會不先對一塊地的情況瞭如指掌便把它買下來。退一步而言，即使買主有上面所說的法律手續要辦理，筵席總是在下午的後半開始的（參路十七8，晚餐是在一天工作完畢之後），那麼爲何買主不可以等次日的早晨，卻必須在當天辦理那些事情，因而爽約呢？由此看來，頭一個客人說「請你准我辭了」，並非事不得已，而是砌辭推搪，甚至有故意侮辱主人之嫌[14]。同樣，「我買了五對牛，要去試一試」也是不成理由的藉口：「先買後試」是反常的做法；既然買了，爲何必須找應當赴宴的時間去試牛？比喻提及這第二個客人要去試試新買的「五對」牛，使這不合理的做法變得更加明顯[15]。

至於第三個客人，就連「請你准我辭了」一句也省掉，只是說：「我才娶了妻，所以不能去。」——像有「大條道理」似的！一說認爲此人心中想及申命記二十章7節與二十四章5節等處的明文規定；但其實那些經文所指的是一個男丁在甚麼情形下可免從軍參戰，與應約赴宴根本是完全不同的兩回事[16]。「我剛結了婚」（《新譯》）並不表示那天恰巧是這個人燕爾之日，只是新近娶了妻之意。可能此人預料飲宴會延續至晚間，因此不想冷落他新婚的妻子；更有謂他拒絕赴宴的主因，乃是他求子心切。不論如何，筵席是在下午的後半才開始的，最多也只是持續數個鐘頭，即使稍晚一點才能回家，仍可以於當晚便回到妻子的懷中；這第三個人用如此脆弱的藉口，以這樣無禮的口吻，在這最後的時刻爽約，尤其在當時的風俗習慣底下，實在是一種惹起主人怒氣的行爲[17]。

3 家主動怒

面對這些無禮、令人生厭，甚至侮辱性的回應，「那家的主人非常惱怒」（21節，《現中》）。家主動怒引致三重結果。

①首先，他吩咐他的那個僕人（參17節）趕快到城裏的大街小巷[18]，把那些貧窮的、殘廢的、瞎眼的、瘸腿的都帶來。「殘廢的」一詞，在原文泛指任何身體方面的殘疾；因此嚴格

來說，瞎子和跛子同屬殘廢者之列。在當時的東方社會中，這些身體有殘缺的人只能靠行乞度日（參徒三2）；在這個意義上，他們和「那貧窮的」是屬同一類的人。僕人受命不僅是把這些人都「請來」(《當聖》)，而是要把他們「領……來」(《新譯》同)[19]；因爲若單是口頭邀請，他們自然是不敢赴宴的。

②僕人遵命辦妥之後，還有空位；於是主人又吩咐他，「出去到路上和籬笆那裏，勉强人進來，坐滿我的屋子」（23節）。這兒的「路上」與21節的「城裏大街小巷」相對，所指的乃是從城裏通到外面去的公路或主要道路。在這些路上的人，不一定是比城裏被請的較爲低階層的人，主要之點，乃在於他們是城外的人。「籬笆」則指在葡萄園或其他果園四圍築起的藩籬（太二十一33；同可十二1）[20]，這些果園在此看來也不是在城裏，而是在郊外的；走路的人會經過一些這類的籬笆，或在這些「籬畔」（《新譯》）休息，貧窮的客旅或流浪者更會在其中紮營露宿[21]。對於這些城外的人，主人囑咐僕人要「勉强」他們進到主人家中赴宴；其意思不是要他用武力强迫他們進來[22]，乃是說，他要誠摯地、懇切地邀請他們，向他們保證主人眞的準備好了筵席，眞的歡迎他們赴宴，並且以「若不接受，不肯罷休」（參創十九3）的堅決態度「勸人進來」（《現中》）。這樣的「勉强」是需要的，一方面因爲東方人的禮貌，總是先推辭一番；更因爲這個邀請是完全出人意外的，甚至可說是不合情理的，僕人若非如此「勉强」他們，被請者很可能不會相信，或至少會認爲不配赴宴。

③主人的用意，是要那些從城內城外請來的新客人坐滿他的屋子，使那些原先被請而砌辭推搪的客人，即使他們最後想改變主意，也無法進來赴宴。他更向21節那些應邀赴宴的客人宣告：「先前請的那些人，一個也不得嘗我的筵席。」（《新譯》）這大概指他絕不會把食物送給那些不來赴宴的人（參尼八9～12）[23]。

比喻的解釋

對當時的聽衆來說，大筵席的比喻有以下的意思：
筵席代表神的救恩與天國的福澤（參上面15節的解釋）。主人最初發出的邀請，代表神在舊約時代，以衆多的應許，藉不同的方法，向以色列民發出呼召（參來一1）；此呼召的對象並非局限於特別一班人，而是向全以色列民的。要開席時，負責召喚客人的那個僕人（17節）代表耶穌，祂來向其肉身的同胞宣告說：「日期滿了，神的國近了！你們當悔改，信福音！」（可一14；參來一2）可是猶太人的回應，總的來說卻是聖城耶路撒冷所表示的「不願意」（路十三34）——就如舊約時代的猶太人悖逆神一樣（參賽五十三1，六十五2）。原先被邀請而砌辭推搪的那些客人（18～20節），代表耶穌時代的宗教領袖，以及像法利賽人那樣虔守律法的「義人」；雖然他們拒絕耶穌乃是基於宗教及神學上的原因，與那些客人所用的藉口不同，但他們同樣以神（或耶穌）認爲不能成立的理由拒絕赴天國筵席的邀請。從城裏的大街小巷領來的第一批新客人（21節），就是爲法利賽人所藐視和唾棄的稅吏和罪人；他們仍是猶太人。僕人受命出到城外去「勉强」進來的第二批新客人（23節），則代表猶太人以選民自居、而視之爲狗類的外邦人[24]。

關於這個比喻的解釋，有幾點值得我們特別留意或討論一下。

①比喻中的一些細節，不應以寓意式的解經法來過分解釋。例如，主人最初邀請的自然只是某一批人，但這細節不能解釋爲神的呼召只臨到部分的以色列人[25]。同樣，家主動怒，吩咐僕人先後到城內城外引領及「勉强」新的客人來赴宴，使原先被請者「絕不能嘗到」他的筵席（《現中》），這種出於惱恨的報復性行動及其動機，也是不能應用在天國筵席之主的身上。

②比喻中有「替代」（以窮人及殘廢者代替原先被請者）和「相繼」的事實（原先被請者拒絕赴宴後，另外兩批的新客人才先後被領進來），但這兩點在解釋上同樣不應强調[26]。因爲從開始，天國的福音即已傳給窮人（參路四18）、罪人和稅吏，就如傳給宗教領袖及敬虔分子；從開始，耶穌已不但傳福音給猶太人，並且作爲耶和華的僕人（參賽四十九6），已有傳福音給萬民（外邦人）的計劃[27]。

③比喻中的僕人**遵命**到城裏去領那些貧窮的和殘廢的進來用筵席（21節），然後他又**受命**往城外勸人赴宴（23節），這與保羅描寫福音工作大略的發展過程——「先是猶太人，後是希利尼人」（羅一16，參二9、10）——不謀而合。第21節與23節之間的這點分別是饒有意義的：邀請城內被社會排斥和唾棄的人赴宴，這是在比喻中已作成的事實，但往城外去邀請路上和籬畔的人，則在比喻結束時仍是一項尙待完成的工作；這個分別正好反映了耶穌傳道工作的實際情況[28]。祂在世上的時候，其主要工作是向猶太人傳福音（參約一11的總結），特別成爲「稅吏和罪人的朋友」（路七34）；雖然祂有時與外邦人接觸，把祝福帶給他們（例如：約四1～42；可五1～20；太十五21～28；同可七24～30），祂卻沒有大規模地向外邦人傳福音。可是到祂復活升天後，祂便把大使命託付給祂的門徒，要他們「奉祂的名傳悔改、赦罪的道……直傳到萬邦」，要他們直到地極作祂的見證人，要他們去使萬民作祂的門徒（路二十四47；徒一8；太二十八19；參可十六15）。

大筵席的比喻，是耶穌對15節那個同席者講的（留意16節「對他說」）；這就向我們提示，此比喻乃針對那個客人和他所代表的法利賽人之錯誤而發的[29]。從耶穌所說的比喻往後推論，這人的錯誤包括兩方面：

第一，他的誠意值得懷疑。「在神國吃飯的有福了」是句美麗、屬靈的話，但耶穌的回應表示，在美麗的屬靈話語背後，不一定有眞正敬虔的事實。比喻以戲劇性的方式，具體地說明一件事實：許多人對神的國及其福澤，遠不及他們看似的那麼有興趣；許多人對這些事根本毫不關心。耶穌似乎對那同席者說：你自承很想得赴天國的筵席，但神的邀請眞正臨到時，你會絕不猶豫地借故推辭[30]。

第二，這人自信有把握能參與彌賽亞的筵席，但他卻不接受神所差來的彌賽亞——近在眼前、與他同席的耶穌。比喻對他指出，就如那僕人代表主人召喚客人赴宴，耶穌就是神所指派的「代理人」；拒絕祂就等於拒絕赴神國的筵席，因爲神是藉着祂擺設救恩時代的彌賽亞筵席，藉着祂呼喚各類的賓客赴宴[31]。對於耶穌當時的聽衆，大筵席的比喻同時是一項宣告、一份請柬、一個警告：它宣告彌賽亞已經來臨，彌賽亞的筵席已擺設好了；它喚請人進入筵席，享受神的救恩；它也提出警告，人若藉口推辭，其他人（先是猶太人中被社會排斥之輩，再其後是外邦人）會取其位而代之。耶穌曾指着經學家說：「你們律法師有禍了！因爲你們把知識的鑰匙奪了去，自己不進去，正要進去的人，你們也阻擋他們」（路十一 52）。因此，比喻的信息對這等人尤其是一種當頭棒喝，警告他們，若不接受邀請，便斷不能享受救恩。

比喻的信息

像耶穌許多其他的比喻一樣，大筵席的比喻對我們今天仍然以雄亮的聲音發出清晰的信息。我們可以看見（或聽到）至少以下各點：

1　身爲天上的主人，神是非常喜客的[32]；祂慷慨地預備了救恩的筵席，並且呼喚人進來享用席上的珍饈百味——神國的一切福澤，包括「天上各樣屬靈的福氣」、「一切關乎生命和虔敬的事」（弗一 3；彼後一 3）。

2　耶穌就是神特派的全權代理人，神藉着祂呼召人進入彌賽亞的筵席。

3　神在基督裏呼召人享受救恩的筵席，完全是出於祂「極豐富的恩典」；從人的角度來看，這恩典是出人意表的，也是難以置信的。比喻中那些被請的新客人，造夢也想不到會有這麼奇怪的邀請臨到他們；至少在城內被領來的貧窮和殘廢者，他們不但不配被邀赴宴，也是絕對無法回報主人的慷慨款待的（參路十四 14）。神要賜給人的救恩，就是這麼白白的，不是人配得或賺取得來的（參弗二 4 ～ 9；羅四 4 、 5；多三 4 、 5）。救恩有「無條件施予」的性質，使一些人（通常是傾向倚靠自己在道德方面之努力的人）認福音爲「廉價恩典」而不値得信，也許使另一些人（通常是對自己的眞我有較深認識的人）自覺不配而不敢相信。他們需要信徒像比喻中的僕人那樣「領」他們或「勉强」他們進來——消解他們的懷疑或錯誤的觀念，讓他們相信神的邀請是眞誠的，救恩的筵席是切合他們生命的需要的（參約四 12，六 34 、 37）。

4　藉着耶穌的工作、受死與復活，神的國已確立在地上，儘管神國完全實現的最後階段尚在未來[33]；照樣，雖然神國的筵席有其尚待完全實現的一面（參路十三 28 、 29；啓十九 7 、 9），但亦有現今已「樣樣都齊備」的一面。自耶穌復活後把大使命託付予門徒，「請來吧！」的喚請已歷二十個世紀不斷向人發出；直至今天，人對福音呼召的回應，就是對筵席請帖的回柬。「現在」就是抉擇的時刻，因爲「現在就是接納上帝恩惠的時辰；今天就是上帝拯救的日子！」（林後六 2，《現中》）。

5　赴天國筵席的邀請是由神發出的；若非神這樣採取主動，人是絕對無法得嘗筵席的。可是人若不願意赴宴，神也不會違反他的意志而强迫他進去。因此，在這事上，個人的抉擇是極其重要的：比喻對我們提示，惟一不得嘗救恩福澤的人，是那些拒絕赴救恩筵席的人。神的邀請與人的接受，二者不可或缺；神的邀請是福音的中心事實，接受與否則有待人的抉擇。人絕對不能救自己，但他卻可以使自己不得救——藉着拒絕邀請，讓自己停留在救恩筵席之外。耶穌的講道如此迫切，正是由於這個事實；在祂看來，人的生命中最大的悲劇，不是在於作了某事或沒有作某事，而是在於拒絕了神最大的禮物[34]。

6 人若拒絕神的邀請，不論他用以推辭的藉口是甚麼，都是神所不接受的。像比喻中的三個客人那樣砌辭推搪，乃是對神輕慢、侮辱的表現。雖然他們明顯是用些不成理由的藉口來推辭，但我們可以注意一件饒有意義的事實：他們的藉口可歸納爲「財富（或事業）」（一塊地、五對牛）及「家庭」（剛娶了妻）兩方面。兩者皆可能成爲回應耶穌呼召的攔阻：「今生的思慮」可以使一個人心田裏的福音種子被擠住，而結不出成熟的子粒來（路八 14，參十二 13 ～ 15，二十一 34）；家庭的因素也可以令人不能、也不配作耶穌的門徒，不配進神的國（路九 59 ～ 62，十四 26；太十 37）。人若爲了事業、家庭因素而拒絕神的邀請，就是把這些看爲比創造他、供養他、要把救恩賜給他的神更重要；這對神是何等大的侮辱[35]！

7 神國的筵席是一個宴會，不是個食物分發站。被請者必須親身出席，不能派代表赴宴，亦不能一邊忙於其他事務，一邊期待主人會命人把筵席的美食送到他們那裏去。救恩是完全白白的恩典，但要接受這恩典，就得放下許多其他東西[36]。

8 福音的信息同時提及神的恩典與神的審判。在比喻裏，「家主動怒」是故事中的一個轉捩點：神使那些選擇不赴宴的人，最終沒有一個得嘗祂的筵席[37]。神的恩慈是要領人悔改，但人若藐視祂豐富的恩慈、寬容和忍耐，一直存頑固剛硬的心，不肯悔改，就是爲自己積蓄上帝的忿怒，即是說，在神彰顯祂的義怒和公義的審判之日，爲自己招來更重的刑罰（羅二4、5，參《新譯》及《現中》；亦參來二1～4）。

9 神的邀請是眞誠的，是普世性的；並且直到現在，神國的筵席「還有空座」。因此，教會整體和個別信徒，仍需努力替神派發請柬，並盡所能幫助被請者應邀赴宴，使神的屋子「坐滿了人」[38]。

附注

1 第 15 節「同席」一詞(*synanakeimenon*)，在福音書他處皆指在筵席上一同飲宴：參太九 10，十四 9；可二 15，六 22；路七 49，十四 10。同字根的單詞「坐席」(*anakeimai*) 亦常有同樣的含意（見太九 10，二十二 10、11，二十六 7；可六 26；約十二 2）；但亦用於最後的晚餐（太二十六 20；可十四 18；約十三 23、28）、使五千人吃飽（約六 11）及其他場合（可十六 14；路二十二 27）。亦參本書頁42注 2。

2 見《現中》標題。

3 在神末日的筵席上和祂一同吃喝，或有分參與末日的彌賽亞筵席，乃猶太人對末日期望的部分內涵；見 J. Behm, *TDNT* II 691, 695. 亦參 H. Braun, *TDNT* VI 476; J. Behm, *TDNT* II 34。

4 第 15 節的「有福了」(*makarios*) 一詞與 14 節（《新譯》及《現中》；《和合》為 13 節）的「有福了」先後呼應。因此有一說認為，客人在 15 節的話，可能是要改正耶穌於 13 及 14 節的話的含意：不僅遵從 13 節之指示的人為有福，一切有分於天國筵席者都是有福的；參 Marshall, *Luke* 587。但 15 節並沒有用「所有」、「每一個」等詞，亦無強調「任何一個」之意。

5 按 Bailey (*Peasant* 93) 的分析，此比喻可稱為「七段話的筵席」(The Banquet of the Seven Speeches)——該七段話分別為 17 與 18 節上、18 節下、19、20、21、22、23 節。

6 第 16 節所用的兩個動詞屬不同時態：「擺設」為過去未完時態（*epoei*, imperfect），含有「計劃」、「將要」之意；「請」為過去不定時時態 (*ekalesen*, aorist)，表示一項清楚而肯定的行動。「筵席」一詞的原文 (*deipnon*) 可指晚餐，即一日之中的主餐，亦可指筵席或宴會，如在此處（參 F. B. Knutson, *ISBER* I 410a）。關於文法術語的繙譯，參《新約希漢簡明字典》（聯合聖經公會，一九八九）第 1、2 頁之「縮寫表」。

7 參斯五 8，六 14——以斯帖先邀請王於次日帶同哈曼赴她所要預備的筵席，然後王的太監親到哈曼家中接他赴宴。

8 參 J. F. Ross, *IDB* III 316b; Jeremias, *Parables* 176; Marshall, *Luke* 587～588; Hendriksen, *Luke* 731。根據他多年在中東事奉的生活觀察，Bailey(*Peasant* 94) 指出，主人宴客時所用的肉類分量，主要是根據接受邀請者的數目而定的，例如：二至四位客人，殺雞一二隻便可；十至十五位客人，便需要用一頭小山羊；若有三十五至七十五位賓客，則非宰牛犢不可了。

9 「僕人」在原文為單數的「他的僕人」(*ton doulon autou*)。比喻中擺設大筵席的主人，甚不可能只有一個僕人；因此，這兒的「僕人」乃指通常負責發出第二次邀請的那個僕人（拉丁文稱 *vocator*，即召喚者），參 Zerwick § 168。

10 參 Robertson, *Pictures* 2.197。

11 「一口同音的」、「一致」、「異口同聲地」（分別見《和合》、《新譯》、《現中》）可能表達了原文 *apo mias* 一詞（只見於此處）的正確意思；參

BDF § 241 (6); Marshall, *Luke* 588; A. B. Bruce, *EGT* I 573b。另一解釋則認爲其意思是「立刻」；見 Manson, in *Mission and Message* 421; Jeremias, *Parables* 176 with n. 17。

12 原文 *echō anankēn*，含有「不得不」、「不能不」之意（分別見《新譯》、《現中》）。

13 Marshall, *Luke* 589.

14 參 Bailey, *Peasant* 96 ~ 97。

15 Jeremias (*Parables* 176 ~ 177) 指出，在巴勒斯坦的亞拉伯人中，一個農夫擁有田地的面積通常爲十至十二萬平方米，一兩對牛便足夠耕地之用；比喻中這個人剛買了五對牛，表示他至少有四十五萬平方米的田地（事實更可能不止此數），因此是個大地主。有關在中東買賣耕牛的手續，見 Bailey, *Peasant* 97。論到頭兩個客人，Geldenhuys (*Luke* 393) 直截了當地說：「他們的託詞是虛假和無價值的。」按 Linnemann (*Parables* 89) 的解釋，首二個客人不是推辭不來赴宴，只是請主人准許他們遲到。但這理論至少有三點困難：第一，作者承認不能這樣解釋第 20 節，因此她（作者爲女士）將該節視爲後來加上去的；第二，「我買了」在原文是過去不定時時態 (*ēgorasa*, aorist)，表示已完成的行動，但作者要把它解釋爲「我正在買（的行動中）」；第三，這解釋似乎不足以解釋家主爲何非常惱怒（21 節）。

16 申二十四 5 說，新娶妻之人可「在家清閒一年，使他所娶的妻快活」；丈夫若帶同妻子赴宴，按理會使她快樂，可惜（如 Jeremias [*Parables* 177] 所指出）當時只有男士被邀請赴筵席（24 節的「人」字，原文不是 16 節所用的 *anthrōpos*——泛指譬如說有別於天使或走獸的「人」——的複數，而是路九 14 所用的 *andres*，指「男人」）。

17 參 Bailey, *Peasant* 98 ~ 99。

18 譯爲「大街」的原文 *plateia* 一字，亦可指「廣場」。參 MM 516 ~ 517 (s.v. *platys*); Marshall, *Luke* 590。

19 第 16、17 節的「請了」和「所請」原文皆用 *kaleō* 一字；第 21 節的「領」字原文爲 *eisagō*，即領來或「帶進來」（《現中》）之意。參此字於路二 27，二十二 54；約十八 16；徒九 8，二十一 28、29、37，二十二 24；來一 6 等處相同意義的用法。

20 除福音書此三處外，原文 *phragmos* 在新約只見於弗二 14，指律法如一度「圍牆」，使猶太人與外邦人分裂，並使他們互相敵對（參《現中》；BAGD 865, s.v.）。

21 參 W. Michaelis, *TDNT* V 68; BAGD 865 (s.v. *phragmos* 1)。《現中》將「籬笆」譯成「陋巷」，與 21 節的「小巷」互相呼應；這種譯法只可視爲一種意譯，大概指在田與田之間、沿着籬笆的那些小徑（參 A. B. Bruce, *EGT* I 574b）。

22 如 Ellis (*Luke* 194) 所說，那人差派的是個僕人，不是個警察。本節絕對不可以看爲，以武力使人歸教或進行宗教迫害的「聖經根據」！

23 第 24 節的「你們」（複數），可能最好是這樣解釋（見 Marshall, *Luke* 591）。另一解釋認爲，第 24 節可看爲一種舞臺劇常用的技倆，是故事中的主人對觀衆說的「旁白」(Linnemann, *Parables* 90,163 n. 9)。由於 24 節這樣突然從上文（21～23節）單數的「僕人」轉到複數的「你們」，有些學者因此認爲24節不屬比喻本身，而是耶穌對聽衆所講的結語（例如Bailey, *Peasant* 109；參《現中》及《當聖》此處的括號）。此外，「我告訴你們」這句話，在路加福音多處其他地方都是用以引介耶穌在講完一個比喻後的判語（參十一8，十五7、10，十六9，十八8、14）。另一方面，第24節在原文有*gar*字（即「因爲」之意，見AV, RV, RSV, NASB），把24節和23節的吩咐連起來；「我的筵席」則與上一節「我的屋子」先後呼應。綜合兩方面的證據，筆者贊同下面的說法：第24節是比喻本身的一部分，是家主所說的話；但這話同時代表了耶穌要對當時的聽衆說的話，因此家主這話可說突破了故事的框：對於根本無意赴宴的人，「沒有一個得嘗我的筵席」這句話，並不造成任何威嚇，只有這話是指彌賽亞的筵席時，它才會有眞正的威嚇作用。參Jeremias, *Parables* 177～178 with n. 23; Ellis, *Luke* 194。（路十九26可被看爲另一例子，說明比喻中的主角的一句話，同時代表了耶穌對其聽衆講的話。）

24 比喻中有兩點可說是特別不合情理或與現實不符的：（一）原先被請者全部一致推辭，像是早有默契似的（留意18節的「衆人」，隨後所描寫的只是三個例子）。（二）主人故意邀請些乞丐來代替他們（21節）。根據一位學者的解釋，耶穌在此採用了一個出名的故事的部分資料，此故事以亞蘭文記載於巴勒斯坦他勒目(Palestinian Talmud)中，其主要內容如下。有一個名馬贊之子的富有稅吏死去，出殯時極備榮哀，全城停止工作，因所有居民都去參加送殯。與此同時，一個窮學者也死去，但他的葬禮則沒有一個人留意。這就引起一個問題：神怎可以讓這麼不公平的事發生？答案說：雖然馬贊之子生前並不敬虔，但他曾作了一件好事，而在作此事時死去；由於這件臨終時作的好事不可能會被隨後作的壞事抵銷（因爲這是他生前所作的最後一件事），因此必須獲得神的賞賜，而神賞賜他的方法，就是使他有一個場面極其隆重的葬禮。原來此稅吏曾爲該市的議員安排筵席，但他們都拒絕赴宴，因此他命人叫那些窮人來代替他們，免得食物被糟塌了——這就是他所作的好事。由此推論，大筵席比喻中的主人是個成了鉅富的稅吏，他邀請那些達官貴人赴宴，想藉此被接納入他們的上流社會中，可是他們對他表示冷漠，以最脆弱的藉口推辭其請；主人一怒之下，便請了那些乞丐來赴筵席，表示他不理會那些城市的要人，並與他們絕交(Jeremias, *Parables* 178～179)。不過，即使耶穌知道馬贊之子的故事，這也不一定就是大筵席比喻的藍圖（參Marshall, *Luke* 585）。關於本注開首所提的第一點，一個較簡單（同時亦合理）的解釋是：作爲一個創作比喻者，耶穌要在比喻中作一些不太符現實的假定，藉以說明在屬靈領域上的事實——在此所指的，就是絕大部分的猶太人對耶穌所傳的天國信息，都顯得漠不關心(A. B. Bruce, *EGT* I 574a)。

25 如Marshall (*Luke* 587)正確地指出的。

26 同上，586～587。

27 有關耶穌對傳福音給外邦人之意圖的證據，詳見Bailey, *Peasant* 102～107；亦參W. Michaelis, *TDNT* V 108。

28 參Bailey, *Peasant* 101; Morris, *Luke* 235。是項觀察足以答覆Jeremias

(*Parables* 69 n. 79) 反對將比喻中之僕人解爲代表耶穌所用的理由：路加怎可能認爲耶穌從事向外邦人傳福音的工作？

29 第 16 節開首原文有 *de* 字，數本英譯本把它繙成 'but'（＝「但是」：RSV, NASB, Phillips ），表示其後的比喻有改正的作用。參 Geldenhuys, *Luke* 395 n. 3; Edersheim, *Life and Times* 2.249 ～ 250 。

30 A. B. Bruce, *EGT* I 573; Manson, in *Mission and Message* 421 .

31 參 Bailey, *Peasant* 110 ～ 111 。

32 參 G. Stählin, *TDNT* V 20 。

33 參本書頁 64 第一點。

34 Manson, in *Mission and Message* 421 ～ 422 ；參 Hunter, *Parables* 96 。

35 參 J. G. Gibbs, *ISBER* II 220a; Marshall, *Luke* 588; E. Stauffer, *TDNT* I 651, 652; Caird, *Luke* 177 。

36 參 Bailey, *Peasant* 99（引 T. W. Manson 語）。

37 參 G. Stählin, *TDNT* V 435, 25 。

38 有關「比喻的信息」本段，參較 Bailey, *Peasant* 111 ～ 112 所列各點。

二　承受永生之法

——好撒瑪利亞人的比喻
（路十 25 ～ 37）

[25] 有一個律法師起來試探耶穌，說：「夫子！我該做
甚麼才可以承受永生？」

[26] 耶穌對他說：「律法上寫的是甚麼？你念的是怎樣
呢？」

[27] 他回答說：「你要盡心、盡性、盡力、盡意愛主一
你的神；又要愛鄰舍如同自己。」

[28] 耶穌說：「你回答的是；你這樣行，就必得永生。」

[29] 那人要顯明自己有理，就對耶穌說：「誰是我的鄰
舍呢？」

[30] 耶穌回答說：「有一個人從耶路撒冷下耶利哥去，
落在強盜手中。他們剝去他的衣裳，把他打個半死，就丟
下他走了。[31] 偶然有一個祭司從這條路下來，看見他就從
那邊過去了。[32] 又有一個利未人來到這地方，看見他，也
照樣從那邊過去了。[33] 惟有一個撒馬利亞人行路來到那
裏，看見他就動了慈心，[34] 上前用油和酒倒在他的傷處，
包裹好了，扶他騎上自己的牲口，帶到店裏去照應他。[35]
第二天拿出二錢銀子來，交給店主，說：『你且照應他；
此外所費用的，我回來必還你。』

[36]「你想，這三個人哪一個是落在強盜手中的鄰舍
呢？」

[37] 他說：「是憐憫他的。」

耶穌說：「你去照樣行吧。」

比喻的原因
（25～29節）

「律法師」亦稱「文士」[1]，為猶太人的律法專家，不但保存、講解及傳授律法，且在猶太人的最高法庭上擔任法官[2]。故事開始時，有一個律法師起來「試探」耶穌。雖然這個動詞在新約其他地方都是用於「試探主」的意義上[3]，但於此處不必有存心陷害的含意，而較可能是指律法師以被認可之宗教領袖的身分，對一個未被認可、「未經註冊」的教師加以試驗，要藉着祂的回答來斷定祂是否有資格做教師[4]。他給耶穌的問題是：「我該作甚麼才可以承受永生？」「永生」與救恩相等，指有分於神的國（參十八18、24），不過這兒的思想主要是在於死後與神同在；「承受」（《現中》意譯為「得到」）之意，即現在有了資格，能在來世接受神的福澤。這是個最重要的宗教問題，亦是猶太教師經常討論的課題；因此，耶穌不只一次被人問及此問題，這是不足為怪的。路加福音十八章18至23節（參太十九16～22；可十17～22）記載了另一次類似情況，一個富有的少年官長同樣以永生之道求問耶穌，所不同者，少年官長的問題乃發自個人的關注（後來他「憂愁」地離去），律法師則似乎較理論性地提出那個問題，因他的動機只在乎測驗耶穌做教師的資格。

可能律法師預期耶穌會舉出一系列的事情，作為解釋律法對尋求永生者的要求；若是這樣，某些項目應否包括在內便可以成為討論之點。不過，耶穌沒有採取這種做法。祂反問律法師：「律法上寫的是甚麼？你念的是怎樣呢？」[5]律法師的回答，合併了申命記六章5節及利未記十九章18節（第三句）兩段經文，與耶穌被另一個文士問及何為最大的誡命時所給的答案一樣（太二十二37～39；可十二29～31）[6]。這個現象最可能的解釋就是，耶穌曾不只一次如此教訓人（即以愛神、愛鄰舍這兩條誡命爲全部律法的總綱），祂對律法的看法已爲人所熟知；至少這律法師曉得耶穌的看法，因此能以耶穌自己的答案回答祂的問題[7]。對這個回答，耶穌自然感到滿意（28節上）；然後祂對律法師說：「你這樣行，就必得永生」（28節下）。這就是耶穌對律法師的問題（25節）正面的回答：承受永生的途徑，乃是以愛作爲生活方式[8]。這愛必須包括兩方面：一方面要愛神——以全人（心、意、情、志、力）愛祂，以不二之心向祂效忠，以忠誠及順從事奉祂；另一方面要愛鄰舍如同自己——人愛自己是千眞萬確的事，他對鄰舍的愛也應同樣眞實和誠懇。律法師的問題是：「我該**做**甚麼才能夠得到永恆的生命呢？」耶穌反問他律法怎樣說，然後指着他的回答，根據律法本身的指示（利十八5）對他說：「你答得對，照這樣**做**，就可以得到永恆的生命」（《現中》）[9]。

這一段對話原本大可以就此結束；可是律法師爲了「要顯明自己有理」，就進一步問耶穌「誰是我的鄰舍」（29節）。「顯明自己有理」，意即表明他最初的問題（25節），畢竟不像耶穌所提的答案那麼容易解決[10]。不錯，永生之道在於全心愛神及愛鄰如己，這是律法師和耶穌所接納的共通點；但一考慮到將此原則付諸實踐時，便立刻引起其應用範圍的問題了，那就是：「鄰舍」的意義如何界定呢？「鄰舍」此詞在希伯來文之意，即一個和自己有任何交往的人。在利未記十九章18節的原句中，「鄰舍」顯然指「自己的同胞」（《現中》），就是與自己同作以色列人者[11]；不過這個觀念可加擴闊，以包括歸信猶太教的外族人，它亦可以收窄，去排除那些摒棄或忽視猶太教的猶太人。按利未記十九章34節的吩咐，以色列民要愛與他們同居的外人如己[12]，因此「鄰舍」理應包括寄居之外籍客旅在內；但一般猶太人皆認爲「鄰舍」並不包括外族人及與他們敵對的撒瑪利亞人，而法利賽人的傾向是連平民百姓都不納入「鄰舍」之列（參約七49），昆蘭社團更將一切不附從者貶爲「黑暗之子」。事實上，「誰是我的鄰舍」乃當時的拉比常常討論的問題；律法師向耶穌提出此問題，要祂表示自己的立場。他要耶穌答覆他，誰是他的鄰舍，他對鄰舍的責任以何處爲止？耶穌於是以好撒瑪利亞人的比喻作答。

好撒瑪利亞人之喻

（30～35節）

耶利哥位於耶路撒冷東面，「座落於約旦河谷，地勢低窪。連貫耶路撒冷與耶利哥，長約十七哩的道路，極其陡峭荒涼，是強盜出沒之所」（《串釋》路十30注）。比喻中沒有指明從耶路撒冷下耶利哥去的人是何國籍，可能這是有意的，以表示比喻所言的乃普世應用的倫理準則；不過此人很可能是個猶太人，耶穌的猶太聽衆想必會這樣了解。「強盜」一詞，這裏可能不是指一般的盜匪，而是一些奮鋭黨徒[13]。不論這人遇到的是何種強盜，他因反抗而受傷了（參34節），且被他們打個半死，剝去衣裳，丟在路上。

最先發現受害者的是個祭司，他「剛好」[14]也是從那條路下去；這祭司的家是在耶利哥，他在聖殿做完了一段時間的祭司工作，現正在回家的途中（參一23）[15]。他看見受害者，走到他的身邊，然後從路的另一邊過去了；隨後有一個利未人來到那裏，也「照樣」不理受害者的需要而去[16]。他們這樣做，可能是爲自己的安全着想，恐怕中了強盜所設的陷阱而遭埋伏襲擊；也可能是爲自己的利益着想，恐怕觸着死屍而沾染污穢，以致帶來個人的損失和不便（祭司若沾染不潔，便不能在聖殿事奉，不能吃祭物，且要行潔淨之禮），不過此說有其困難之處[17]。最簡單的解釋可能亦是最正確的解釋：故事要提出的要點就是，二人皆缺乏憐憫之心，看見受害者的情況，仍然不顧而去。比喻對祭司及利未人的描寫，亦隱含了對當代猶太教的批判[18]：祭司和利未人代表了當時猶太社會的貴族階層，可說是猶太教的中堅分子，他們本應最能發揚猶太教的優點，最能以身作則地實踐利未記十九章18節愛鄰如己的吩咐；可是他們二人共同的見證（參申十九15），表明了官式猶太教缺少憐憫的性質——那些宗教領袖看見受害者的需要，但卻從另一邊走開了[19]。

繼祭司、利未人之後，耶穌的聽衆可能預期第三個出場的角色將會是個猶太的平信徒。可是，出其意料之外，他竟是個撒瑪利亞人[20]！這人不僅是個平信徒，而且在猶太人的眼中，他更是個分離者（因撒瑪利亞人曾在基利心山自建聖殿，與猶太人的聖殿分庭抗禮；參約四20），又是個異端分子（因撒瑪利亞人只信部分的舊約聖經）。猶太人與撒瑪利亞人互相仇視，已有數百年的歷史，在耶穌的時代，情況尤其惡劣：主後六至九年間，撒瑪利亞人曾在一個逾越節的晚上，將死人的骨拋擲於猶太人聖殿的院子內（褻瀆聖殿），更促使二者成爲誓不兩立的死敵。這亦反映在一些新約經文中（約四9，八48；路九52～54）。而在猶太人中對撒瑪利亞人深惡痛絕的，莫過於耶路撒冷的祭司階層，因爲撒瑪利亞人的「異端」信仰，部分正涉及祭司承襲的問題[21]。

比喻中的撒瑪利亞人很可能是個旅行的商人，因爲他與店主似是彼此認識及互相信任，又應許會再「回來」（35節）。他對受害者「動了憐憫的心」（《新譯》），就上前替他裹傷（34節）：酒能消毒，潔淨傷處；油能滋潤，減輕痛楚（參賽一6）；二者都是猶太人和希臘人承認爲有治療之效的東西[22]。撒瑪利亞人可能是用自己的裹頭巾，或撕裂自己的內衣來替受害者包裹傷處；又扶他騎上自己的牲口[23]，「帶他到客店裏照顧他」（《新譯》）[24]。第二天在他離開之前，他留下足夠多天之用的金錢[25]，並答應負起償還那人住店期間的全部費用之責[26]。撒瑪利亞人這樣幫助受害者，對他自己來說，可謂有多害而無一利：他在路上停留下來，首先增加了他可能遇盜受襲的危險；他替受害者付出的費用，他不能循「法律的途徑」把錢追討回來（即使他想要這樣做），因爲對撒瑪利亞人來說，受害者是另一國人；想得更壞一點，受害者康復後甚至可能以怨報德，因爲猶太人是不准從非猶太人（更遑論他們的死敵撒瑪利亞人）手中接受救濟的，受害者可能埋怨撒瑪利亞人害得他要爲那些未經什一奉獻的花費補回什一奉獻[27]！雖然如此——儘管他與受害者是完全陌生的，他更是猶太人所恨惡的死敵——這撒瑪利亞人還是付出了時間、金錢、力量，甚或個人安危各方面的代價，爲要把他對受害者「憐憫的心」具體地化爲行動。

倘若比喻中的受害者是個可惡的撒瑪利亞人，而對他伸出援手的是個品格高尚的猶太人，比喻就必會更容易被耶穌的聽衆受落。但耶穌故意選擇一個極端的例子，爲要藉着一個强烈的對比——即祭司及利未人的缺乏憐憫同情，和撒瑪利亞人那無私之愛二者之間的對比——使祂的聽衆明白，愛的責任是何等絕對、何等無限度的。耶穌的意思，乃是要對律法師說：這個被恨惡的撒瑪利亞人所作的，就是愛鄰如己的具體說明。

比喻的意義
（36、37節）

上文曾經指出，耶穌之所以講撒瑪利亞人的比喻，乃是回應律法師在29節所問的問題；第29節的問題是由耶穌於28節的回答引發的；而28節的回答，乃是回答25節的問題。這就是說，耶穌講撒瑪利亞人的比喻，首先是要答覆「誰是我的鄰舍」的問題，但其實最後是要答覆「我該作甚麼才可以承受永生」的問題[28]。對這兩個問題，耶穌所講的比喻提供了怎樣的答案呢？

律法師問耶穌：「誰是我的鄰舍呢？」耶穌講完比喻後反

問他：「這三個人，誰是那個落在强盜手中的人的鄰舍呢？」（《新譯》）。「是」字在原文有「成爲」之意[29]，耶穌的意思是：這三個人當中，那一個藉着愛鄰舍的行動，成爲了那受害者的鄰舍？答案當然是明顯的——「以仁慈待他的那個人」（《現中》）[30]。耶穌的反問把問題的形式改變了，其中蘊含了很豐富的意思。「誰是我的鄰舍」可說是問錯了問題，因爲我們不應先界定愛的對象然後以愛待之。比喻中的撒瑪利亞人，按猶太人的定義絕非受害者的鄰舍，但卻以仁慈待他；另一方面，那些按一般猶太人的定義，應當把受害者看爲鄰舍的祭司及利未人，卻不顧而去。由此可見，作鄰舍的事實本身並不產生愛的行動；愛則產生愛鄰舍的行動。因此，正確的問題不是「誰是我的鄰舍＝誰符合我對『鄰舍』一詞的定義」，而是「我可以成爲誰的鄰舍」；成爲別人的鄰舍，就是做個「憐憫他」的人，隨時隨地盡自己的力量給予他所需要的幫助。從這個問題的角度來看，「鄰舍」的範圍便與全人類相等：「我的鄰舍」就是任何需要我的幫助，而我又有能力和機會去幫助的人（不論屬何階層、種族和宗教）。換一個講法，耶穌把一個較理論的問題改爲一個實際的問題：律法師問及愛的對象（我該愛誰），耶穌問及愛的主動者（誰是有需要者的鄰舍）；律法師想及自己（我的責任到何處爲止），耶穌卻要我們想及別人，設身處地的提供幫助。一言以蔽之，「要愛鄰舍如同自己」這條誡命，不應從「鄰舍」定義的角度着手，乃應從「愛」着手；因爲基本的是愛，而不是做鄰舍的事實。人若有愛，便會知道誰是他的鄰舍，便會成爲有需要者的鄰舍[31]。

律法師問：「我該**做**甚麼」才可得永生？耶穌反問：經上怎麼說？律法師以「全心愛神、又愛鄰如己」回答。耶穌對他說：「照這樣**做**」，就可得永生。律法師又問：那麼誰是我的鄰舍呢？耶穌反問：在比喻中的那三個人，誰是受害者的鄰舍？律法師回答說，是那憐憫他的。耶穌就對他說：「你去，照樣**做**吧！」（參《現中》25、28、37節）。由此可見，第37節重複了28節對25節問題的回答：永生之道的基本原則，似乎仍然是在「做」、「行」、「作」。耶穌的回答，其實並不表示律法師有能力照比喻中的撒瑪利亞人所作的去做，只是按着他的問題（25節）、根據律法的指示（27節）作答，爲要使他認識自己的失敗與無能。耶穌所講比喻的含意，就是人若不遵守最大的誡命，其原因不在於缺乏知識，不曉得如何實行（例如，不知道誰是他的鄰舍），乃在於缺乏實行的能力，在於缺乏愛。好撒瑪利亞人的比喻，顯示了最大的誡命爲何不能使人承受永生，因爲最大的誡命要求人以完全的、無私的愛去愛神、愛人，而這種愛正是人所缺乏的。耶穌要律法師明白，人固然不能藉着遵守律法的規條而得救（參羅三20；加三10），人也不能靠遵守律法的精意（愛）而得救，一切靠自己「作甚麼」的都不是「承受永生」的方法。與此同時，耶穌爲律法師對「鄰舍」一詞作了新的詮釋：鄰舍不再是一個可根據種族地域去界定的觀念，而是一個跨越種族、文化、地域的實體——任何一個需要我幫助的人。雖然這標準高不可攀，但這仍然是神所定的標準，是人應該努力追求的目標——不過並非以此爲得永生的條件。

結語

好撒瑪利亞人的比喻，沒有從正面直接回答律法師在25節提出的問題；但從法利賽人與稅吏的比喻可知，稱義之法，在於倚靠神的憐憫（路十八9～14，尤其是13、14節）。保羅秉承耶穌的教訓，一方面堅持「靠神的恩典、藉着信耶穌基督」乃惟一的稱義之法（羅三21～24；加二16），另一方面强調信徒的新生命是以愛作爲標誌的（羅十三8～10；加五6、13、14）。

除了上述的要點外，好撒瑪利亞人的比喻還提示了另外幾點眞理。第一，比喻說明了以律法爲倫理的原則，和以愛爲倫理的原則二者之間的分別：律法師以謹守宗教規條爲賺取永生之法，耶穌則以愛（神、人）表達律法的精髓；律法師要對其道德責任加以準確的界定和限制，耶穌指出愛的責任是無限度的；對律法師來說，宗教是一套約束性的規則，對耶穌來說，宗教是一連串愛鄰如己的機會[32]。第二，比喻對種族歧視提出了強烈的抗議。是誰向受害者顯出憐憫同情？是個撒瑪利亞人。這就表示種族是無關重要的，重要的是「憐憫」的心腸，是「仁慈」的行動。猶太人是不准接受非猶太人愛心的幫助；耶穌的比喻提示，施予和接受憐憫，二者皆超越國家及種族的藩籬[33]。第三，雖然整個比喻不應按寓意式的解經法來了解[34]，可是我們很難否定，耶穌的光芒從撒瑪利亞人身上透射出來，特別因爲原文的「動了慈心」（33節）這個字，在福音書中其他地方只用在耶穌身上（除了路十五20及太十八27）[35]；就如比喻中的撒瑪利亞人付出代價，向受害者顯出憐憫，施以援助，耶穌是眞正的好撒瑪利亞人，祂以憐憫、仁慈待所有的罪人，並付出生命的代價爲他們成就了永遠的救贖[36]。

附注

1 路加有時用「律法師」(*nomikos*) 代替「文士」(*grammateus*)：除此處外，還有七 30，十一 45、46、52，十四 3。前一個詞比後者較容易為非猶太人所了解。參 H. F. Weiss, *TDNT* IX 38 n. 150。

2 參 C. L. Feinberg, *IBD* 1403 ~ 1404; N. Hillyer, *NIDNTT* III 480; H. -H. Esser, *NIDNTT* II 443。後一位學者稱律法師為「法利賽人中的神學領袖」；但並非所有文士都是屬法利賽派的，有部分文士以撒都該派的信條為其解經根據，徒二十三 9 指明「法利賽黨的文士」（參可二 16），就是這個原因。

3 見太四 7；路四 12；林前十 9。有關的動詞是複合詞 *ekpeirazō*。

4 參 Manson, in *Mission and Message* 552; Marshall, *Luke* 442。

5 「念」字 (*anaginōskō*) 在新約指「讀」（即閱讀之意）或「誦讀」（如在會堂讀經）。但有學者認為這兒的「念」是「背誦」之意，指猶太人在崇拜時背誦他們的信條（申六 4 ~ 9，十一 13 ~ 21；民十五 37 ~ 41。這三段經文構成他們著名的 Shema）；參 Ellis, *Luke* 160; Bailey, *Peasant* 37。

6 申六 5 的原句為：「你要盡心、盡性、盡力，愛耶和華你的神。」於太二十二 37，「盡意」（即以全部的「理智」，《現中》）代替了「盡力」；可十二 30 將「盡意」加插於「盡性」與「盡力」之間；而路十 27 則在「盡力」之後加上「盡意」。根據希伯來人思想，「心」乃「意」之所在（參詩一一九 11），因此「盡意」一詞可說將原句「盡心」一方面的含意表達出來。

7 參 Edersheim, *Life and Times* 2. 235 ~ 236; Manson, in *Mission and Message* 552; Marshall, *Luke* 444。

8 「行」字在原文為現在時態，表示繼續不斷地作。

9 換言之，25 ~ 28 節的結構是這樣的：問題（25 節）、反問（26 節）、答反問（27 節）、答問題（28 節）。參下面注 28。

10 參 Edersheim, *Life and Times* 2.236; G. Schrenk, *TDNT* II 215。另一解釋認為，律法師要表現自己是個在凡事上都盡其本分的義人，因此要耶穌對「鄰舍」下個定義 (A. B. Bruce, *EGT* I 543a)。此解釋與正文所採納的不必互相排斥。

11 利十九 18 的「人」，原文為「鄰舍」(*rê'a*)，《七十士譯本》繙為 *plēsion*，即路十 29 所用的字。根據希伯來文平行句法來看，「人」指「你本國的子民」中的鄰舍，就如在前一節，「鄰舍」（此處原文用 *'amîṯ* 而非 *rê'a*）與「弟兄」為同義詞。

12 「和你們同居的外人」即寄居之外籍客旅；原文的 *gêr* 一詞在《七十士譯本》繙為 *paroikos*，即新約中的「客旅」（弗二 19；彼前二 11。於徒七 6 及 29 譯為「寄居」者）。

13 此說詳見 K. H. Rengstorf, *TDNT* IV 261; N. Hillyer, *NIDNTT* III 378。

14 《現中》；參《新譯》（「正好」）。這些繙譯似乎比「偶然」（《和合》）更能表達出原文 *kata synkyrian* 的「湊巧、巧合」之意。根據此語，Edersheim, *Life and Times* 2.238 對「天意」（providence) 一詞有很好的解釋。

15 耶利哥是當時祭司聚居的主要地區之一。有謂二十四班的祭司（利二十四 1 ～ 9 ），大約半數住在耶利哥 (Ellis, *Luke* 161)。

16 關於利未人，見《串釋》路十 31 、 32 注（「串三八」應為「串三九」）。「照樣」於原文是 32 節的第一個字，其含意可能包括「利未人也是從這條路下來」。第 31 、 32 節用同一個動詞描寫祭司和利未人：「從那邊過去」(*antiparēlthen*)。這字含有兩個前置詞，完整的意思是：來到 (*ēlthen*) 旁邊 (*para*)，然後從路的另一邊 (*anti*) 過去；參 Robertson, *Pictures*, 2.153 。一艘船若遇到另一艘船在航行中遇險而不加援手，它所受到的指摘就是 *ANTI-PARĒLTHEN* (A. B. Bruce, *EGT* I 543b)。

17 Jeremias (*Parables* 203 ～ 204) 指出，根據利二十一 1 ～ 3 ，祭司不許觸摸死人，除非死者是 2 、 3 節所指明的骨肉之親；但利未人則只在執行禮儀上的職務時才需要謹守禮儀上的潔淨。倘若利未人是與祭司一樣在回耶利哥途上，他可以觸摸死人；他若是在往耶路撒冷途中，則與利未人聯羣結隊上去的習慣不符。雖然 Bailey 強調祭司的主要動機是要避免沾染不潔 (*Peasant* 44 ～ 45)，但他同意那不可能是利未人的主要動機；他認為利未人是受祭司的「榜樣」影響（同書 46 ）。

18 參 G. Schrenk, *TDNT* III 264; J. Baehr, *NIDNTT* III 37; K. Haacker, *NIDNTT* III 455; Ellis, *Luke* 161 。

19 由於祭司乃社會的上層人士，我們可以推論他必是以騎代步的；利未人可能是走路而來，但至少亦可以提供起碼的急救服務 (Bailey, *Peasant* 43, 47) 。

20 新約中所提及的「撒瑪利亞人」的起源，近期的學者多認為頗難稽考，特別是由於猶太人與撒瑪利亞人本身對此問題持相反的意見。不過近期學者的趨勢，是對「將王下十七 24 ～ 29 所提的撒瑪利亞人，與新約中的撒瑪利亞人認同」此一立場（參《串釋》約四 9 注）表示懷疑。見 T. H. Gaster, *IDB* IV 191b ～ 192a; K. Haacker, *NIDNTT* III 451; H. G. M. Williamson, *IBD* 1378 。

21 Ellis, *Luke* 161 .

22 參 H. Schlier, *TDNT* II 472 ～ 473; A. Oepke, *TDNT* III 201; H. Seesemann, *TDNT* V 164 with n. 20; R. T. France, *NIDNTT* II 712 。油與酒可分開來用，亦可混雜來用，因此 34 節的「油和酒」，不一定與事實的次序不符。

23 撒瑪利亞人的「牲口」可能是驢或騾；倘若「自己的」一詞不僅與「他的」同義的話，「自己的牲口」指他所騎的，含意就是，他還有另一匹（或多匹）是馱貨物用的。「扶他騎上自己的牲口」，原文亦可解為「把他（如貨物般）放在牲口上」（參 BAGD 290, s.v. *epibibazō* ）——這假定那「半死」的受害者已失去知覺。

24 這兒的「店」（《和合》）與二 7 的「客店」在原文是不同的字：二 7 用 *katalyma* ，可指東方商旅的駐驛站 (caravanserai)，為客旅度宿之處，亦可指私人住宅中的「客房」（二十二 11 ；可十四 14 ）；這兒用 *pandocheion* ，是較為正式、提供較佳服務、有店主（ 35 節， *pandocheus* ）料理的「客棧」（《現中》）。《新譯》及《現中》沒有在其繙譯上反映任何區別。 Edersheim (*Life and Times* 2.239) 指出，店主通常是個外邦人。

25 當時的一錢銀子，是夠一個人十二天的伙食；見 Jeremias, *Parables* 205 。參本書頁43注 17 ，頁 74 注 18 。

26 第 35 節的「我」字略帶強調，含意爲「你認識我，你知我不會賴帳的」。「回來」指「回程」，參十九 15 。

27 參 W. Grundmann, *TDNT* III 547 n. 41; Bailey, *Peasant* 50 。

28 第 29 至 37 節的結構，和 25 至 28 節的（參上面注 9 ）完全一樣：問題（ 29 節）、反問（ 36 節）、答反問（ 37 節上）、答問題（ 37 節下）。兩輪的對話，乃是同一個討論兩個平行的部分。參 Bailey, *Peasant* 34 。

29 *gegonenai*, perfect infinitive （完成時態不定詞）。

30 律法師可能故意不提「撒瑪利亞人」這可惡的名字 (J. Jeremias, *TDNT* VII 91 ），但亦有學者持不同的意見 (K. Haacker, *NIDNTT* III 455) ；亦參 A. B. Bruce, *EGT* I 544b 。

31 參 Manson, in *Mission and Message* 554, 555; Jeremias, *Parables* 205; E. Stauffer, *TDNT* I 46; Ellis, *Luke* 160; Marshall, *Luke* 445 ～ 446; Thielicke, *Waiting Father* 168 。

32 參 Caird, *Luke* 147 ～ 148 。

33 參 G. Stählin, *TDNT* X 160 ～ 161; France, *Man … Crucified* 85; H. Köster, *TDNT* VII 554; Marshall, *Luke* 450 。

34 這種例子在早期教父及中世紀的釋經中屢見不鮮；參 Stein, 'Good Samaritan' 278 ～ 282 。

35 原文爲 *splanchnizomai* 。另見太九 36 ，十四 14 ，十五 32 ，二十 34 ；可一 41 ，六 34 ，八 2 ，九 22 ；路七 13 。在例外的那兩節，像在路十 33 本節一樣，此動詞是用在比喻中的主角身上（浪子的父親、僕人的主人）。

36 參 U. Falkenroth, *NIDNTT* I 259; H. -H. Esser, *NIDNTT* II 600; Bailey, *Peasant* 56, 49 ～ 50 。

三　赦罪與愛主

——兩個負債人的比喻
（路七 30 ～ 50）

36 有一個法利賽人請耶穌和他吃飯；耶穌就到法利賽
人家裏去坐席。37 那城裏有一個女人，是個罪人，知道耶
穌在法利賽人家裏坐席，就拿著盛香膏的玉瓶，38 站在耶
穌背後，挨著他的腳哭，眼淚濕了耶穌的腳，就用自己的
頭髮擦乾，又用嘴連連親他的腳，把香膏抹上。

39 請耶穌的法利賽人看見這事，心裏說：「這人若
是先知，必知道摸他的是誰，是個怎樣的女人；乃是個罪
人。」

40 耶穌對他說：「西門！我有句話要對你說。」

西門說：「夫子，請說。」

41 耶穌說：「一個債主有兩個人欠他的債；一個欠
五十兩銀子，一個欠五兩銀子；42 因為他們無力償還，
債主就開恩免了他們兩個人的債。這兩個人哪一個更愛他
呢？」

43 西門回答說：「我想是那多得恩免的人。」

耶穌說：「你斷的不錯。」

44 於是轉過來向著那女人，便對西門說：「你看見這
女人嗎？我進了你的家，你沒有給我水洗腳；但這女人用
眼淚濕了我的腳，用頭髮擦乾。45 你沒有與我親嘴；但這
女人從我進來的時候就不住地用嘴親我的腳。46 你沒有用
油抹我的頭；但這女人用香膏抹我的腳。47 所以我告訴你，
她許多的罪都赦免了，因為她的愛多；但那赦免少的，他
的愛就少。」

48 於是對那女人說：「你的罪赦免了。」

49 同席的人心裏說：「這是甚麼人，竟赦免人的罪
呢？」

50 耶穌對那女人說：「你的信救了你；平平安安回去
吧！」

上述的事件環繞着三個人物彼此間的關係而發展。這三個人物是：主人——法利賽人西門、客人——耶穌、不速之客——一個「罪婦」[1]。故事的發展可分四階段：罪婦與耶穌（36～38節）；西門與罪婦及耶穌（39、44～46節）；耶穌與西門（40～47節）；耶穌與罪婦（48～50節）。「兩個負債人」的比喻（41、42節），是耶穌與西門談話之間說的。

罪婦的表現
（36～38節）

耶穌在世上時，特別關心那些被社會唾棄和鄙視的人，因此被譏為「稅吏和罪人的朋友」（路七34，參十五2）。但這並不表示，祂對那些較有體面的人完全不感興趣，因為他們同樣需要福音。當法利賽人西門邀請耶穌到他家中赴宴時[2]，耶穌沒有半點推辭，還爽快地應邀到他家裏去[3]。

席間，城裏一個聲名狼藉的女人以「不速之客」的身分出現。按照當時的習俗，主人設席時大門打開，沒被邀請的人也可進來。這女人來到西門家中，因她知道耶穌在他那裏吃飯。她帶了一瓶香膏來，為要膏耶穌。從她進入西門家中，直到完成膏抹耶穌的行動，整個表現就是被她對耶穌的熱愛所驅使、所控制着。我們要注意幾件事：

第一，她是個「罪人」（37節）。這個詞的意思，非僅指她是個不敬畏神或從事不體面職業之人的妻子；最可能的意思是指她是個妓女[4]。不管一個婦人的品格多麼高尚，猶太人對與婦女交談存有極大的歧見。現在一個聲名狼藉的婦人竟敢進入一個宗教領袖（法利賽人）的家中，並親近一位許多人認為是神所差來的先知（耶穌），此乃一件前所未聞、亦是不為一般人——更遑論以嚴守律法見稱的法利賽人——所容納的事。因此我們不難想像，這個「罪婦」需要極大的勇氣與決心，排除別人的鄙視和非議所構成的心理障礙，才可完成她以香膏抹耶穌的心願。

第二，她站在耶穌背後，激動得哭起來[5]，眼淚滴濕了耶穌的腳[6]。可能她的原意只是以香膏抹耶穌的腳[7]，但在情緒激動之下，她不禁哭起來，以致淚水弄濕了耶穌的腳。顯然這是始料不及的（她並沒有帶備毛巾替耶穌抹腳），而為了應急，她不惜把梳起的頭髮放了下來，用自己的秀髮擦乾耶穌的腳[8]。猶太人認為，一個婦人在眾人面前放下頭髮是可恥的事，作丈夫的可以此作為休妻的理由[9]；但這個「罪婦」對耶穌的熱切之愛，特別在極為激動的情緒之下，使她渾然忘卻這些社交的拘限，或至少把這些拘限置諸不顧。

第三，她不住地吻耶穌的腳。親吻一個人的腳或膝，乃是一種最衷心感激的表示。對一個救命恩人，就可能以此方式表示感激之意。吻腳在當時也是一個公認的記號，代表最深的敬意，特別是對受尊重的拉比便會敬以吻腳之禮。最後，她把香膏或「香油」（《現中》）[10]抹在耶穌腳上；此舉和吻腳一樣，含有極深的敬重之意在內[11]。

西門的態度
（ 39 、 44 ～ 46 節 ）

耶穌默默無聲地安然接受「罪婦」對他敬、愛的一切表示，西門看在眼裏，心中便對耶穌有所批評（ 39 節）。西門的想法，充分反映出法利賽人的一項假設：一個先知斷不會讓一個有罪、因而是不潔淨的女人摸他。西門很可能同時認為，那女人用來抹耶穌的香膏，必定是用她「賣淫得來的錢」買的，這種錢是不為神所悅納的（申二十三 18 ）；耶穌若是先知，就不會讓她用這香膏抹祂。在西門眼中，這女人只是個「罪人」；他對此「罪婦」採取一種輕蔑、不屑的態度，是不言而喻，或溢於言表的。

西門心中對耶穌的批評，揭露了他請耶穌飲宴的眞正意圖——要試驗「耶穌是個先知」的宣稱。西門認爲，耶穌對「罪婦」的態度，證明了該項宣稱不能成立；耶穌不可能是個先知，因爲祂的表現和法利賽人對先知的兩項假設大不相符：先知有超然的洞察力，先知不會讓一個不潔淨的「罪婦」摸他。這種存疑、試驗的心理，和西門款待耶穌的態度很脗合：耶穌指出，西門沒有給祂水洗腳，沒有與祂親嘴（參《現中》45節上：「你沒有用接吻禮歡迎我。」），沒有用油抹祂的頭。西門所沒有作的這三件事，似乎不是當時主人招待客人所必須作的事；主人若對客人作這些事，就表示對他特別敬重[12]。因此，西門作爲主人，並無「失禮」之處[13]，口中亦尊稱耶穌爲「夫子」[14]，可是心中已斷定祂不是先知[15]，在此之前也沒有對耶穌特別敬重或特別歡迎的表示，在此之後就更不用說了。

耶穌與西門
（40～47節）

西門心中批評耶穌缺乏先知的洞察力，耶穌以行動證明他的判斷是錯誤的。「耶穌就對他說」（40節，《現中》）這句話，表示耶穌現在要跟西門說的話，乃是對西門心中的想法（39節）正面的回答[16]。這表明了耶穌洞察西門的內心，同時證實了另一位福音書作者對耶穌的見證：「祂知道人心裏存的是甚麼」（約二5，《新譯》）。

耶穌先對西門講了「兩個欠債人」的比喻（41、42節）。這兩個人同有一個債主，他們同樣無力償還，同樣被債主把他們的債一筆勾銷了；惟一不同者，就是兩人所欠的債，其數額爲十與一之比[17]。然後耶穌問西門：兩個欠債人之中，那一個會更愛那個債主呢[18]？西門給了明顯的、惟一合理的答案（43節）[19]；耶穌亦肯定西門的判斷。透過這比喻，並透過肯定西門的答案，耶穌指出了一項極重要的原則：**多得恩免**

則多愛，愛與恩免是恰成正比例的。

接着，耶穌用這原則來解釋那女人對祂的表現。在此不速之客與祂的主人之間，耶穌作了一個三重（也可說四重）的對比（44～46節）。他指出：

西門	**這女人**
沒有給我**水**洗腳	用**眼淚**濕了我的腳
[沒有給我**毛巾**抹乾]	用**頭髮**擦乾[20]
沒有［**一次**］與我**親嘴**	**不住的**用嘴**親我的腳**[21]
沒有用**油**抹我的**頭**	用**香膏**抹我的**腳**[22]

這些強烈的對比更襯托出這女人對耶穌的愛是如何熱切：主人西門並沒有以上賓之禮待耶穌，但這「罪婦」對耶穌顯出了極度的謙卑、極深的敬重和極熱切之愛[23]。

耶穌指出二者的強烈對比後，便說了第47節的話。上半節有兩種主要解釋：一說認爲，「我告訴你」是插入句，而「因爲」一詞有指出原因的作用，全句的意思就是：所以，即鑑於她的表現，（我告訴你）她許多的罪都赦免了，就是因爲她的愛多。按此解釋，耶穌要表達的原則乃是：多愛者則多得恩免，恩免與愛成正比例。這樣一來，第47節上半節的意思便與兩個負債人的比喻所表達的原則（43節）恰好相反，亦與第47節下半節發生正面衝突，因爲後者所表達的，正是第43節之原則的反面：**少得恩免則少愛**，愛與恩免成正比例。還有，耶穌自己認爲，那個女人得救，是因爲她有信心，不是因爲她的愛多（50節）。基於這些原因，我們可以斷定這第一種解釋是不對的。

第二種解釋把「我告訴你」緊緊的連於「所以」一詞，將

「因爲」解爲指出「我告訴你」的原因，相等於「其證據在於」之意，全句的意思就是：所以（即鑑於她的表現）我告訴你，「從她所表現深厚的愛，證明她許許多多的罪都已經蒙赦免了」（《現中》）[24]。這種解釋無疑是正確的，因爲有三個理由支持。其一，第 47 節下半節清楚確立了「愛乃由於罪得赦免」的原則，而「但」字表明第 47 節上半和下半節是以平行的方式表達同一眞理的正反二面，因此上半節的意思，乃是「她的愛多，是由於她許多的罪都已蒙赦免」，而非「她許多的罪皆已蒙赦免，是由於她的愛多」。其二，惟有這第二種解釋，才能與第 43 節所表達的原則和諧一致。其三，第 44 至 47 節乃是將第 43 節的原則應用在那女人身上，因此，惟有這第二種解釋才符合文理的邏輯要求。

耶穌對西門說了這番話，有下面兩個目的。第一，耶穌問西門：「你看見這女人嗎？」西門當然看見——那女人是個人所共知的妓女！但耶穌用兩個欠債人的比喻，配合着那女人與西門之間對祂的態度上的强烈對比，要西門看清楚那個女人：她不再是西門眼中所只能看見的「罪婦」，而是個「已蒙赦免，因而對耶穌流露熱愛」的罪人。第二，耶穌要把一項重要的眞理指示給西門，那就是：愛是由於赦免，赦免多則愛多，赦免少則愛少。耶穌接受西門的邀請，部分原因想必是爲要等待機會給予西門屬靈方面的幫助；祂不因西門沒有款以上賓之禮而耿耿於懷；甚至當祂知道西門心中對祂的批評時，仍以西門的益處爲大前提，藉着兩個欠債人的比喻，配合着那女人與西門之間的强烈對比，指出西門的欠缺並對他提出挑戰。比喻中的兩個欠債人，那多得恩免及對債主多表示感激之愛的[25]，顯然代表那女人，因爲耶穌在第 47 節上半節就是用比喻的正面眞理來解釋她的表現。相較之下，比喻中那少得恩免和對債主較少存感激之愛的欠債人，亦顯然代表法利賽人西門，不過我們要留意這第二個欠債人如何代表法利賽人。第 47 節下半節並不是要說：西門的罪比那女人的罪少，因此他獲得的赦免也少，從而表達的感激之愛也少。因為就事實而論，一個罪人若認識己罪而悔改信主，就必認識到自己對救主所負的債是何等的巨大，而不會對祂只存少許的感激之心。因此第 47 節下半節較可能的意思是：西門雖然也有許多罪（例如他對「罪婦」的輕蔑態度），可是他不認識自己的罪，亦未曾悔改；他認為自己沒有欠下許多屬靈的債項，因此不需要很多的赦免。既然所接受的赦免不多，所表現的感激之愛也自然少（甚或完全沒有）。第 47 節下半節對法利賽人西門，以及一切像他那樣對耶穌不存感激之愛意的人，終極性地提出的問題和挑戰乃是：他們有否真正認識自己的罪是如何深重？他們是否知道自己何等需要得到赦免？西門若有耳可聽，也會聽得出耶穌對他發出的信息的另一面：真正不潔的「罪人」，不是那許多的罪皆已蒙赦免的「罪婦」，而是不曉得自己需要悔改並接受恩免、還自以為義的法利賽人。那「罪婦」比他更接近神！

耶穌與「罪婦」
（48 ～ 50 節）

在耶穌所說兩個負債人的比喻及其應用（41 ～ 43、44 ～ 47 節）底下，那女人顯然是個自知己罪已蒙赦免的人。這意味着一件事實，就是在此之前她和耶穌有過接觸，至少從祂那裏聽見了赦罪之道，並藉信接受和經歷了赦罪之恩。她進入西門家裏的時候，已經是個蒙赦免的人；不過，雖然她已離棄了一向所過的罪惡生活（參 37 節，《現中》），「罪婦」的惡名還是附着她，因此經文開始時仍沿用「罪人」之名稱她。她所灑的熱淚，可能含有痛悔之意在內，也許還夾雜着羞愧的感覺，但基本上想必是喜樂和感激之淚；而她其他的表現，都是由感激而生之愛的行動。

耶穌雖然到 44 節才「轉過來向着那女人」，更到了第 48

節才直接向她說話，但對於她所作的一切，心中是非常欣賞的。祂在 44 至 47 節的話，雖是對西門講，卻是「向着那女人」說的；這表示當耶穌作出西門和那女人之間的強烈對比時，祂不是以嚴厲的口吻向西門提出控訴，乃是帶着感激之心、欣賞之情稱讚那女人所流露的熱愛[26]。當祂臚列那女人的行動，是完全依照那女人作那些事的實際次序（比較 44 ～ 46 及 38 節），這也表示祂很留心她所作的一切。

耶穌接受那女人敬愛的表示，正說明了祂高超的身分：耶穌若只是個「拉比」（參 40 節），便肯定不會讓那女人摸祂；祂若只是個先知（參 39 節），也極可能會拒絕那女人的表示，因爲那些敬愛的舉動是超過人所當接受的。正因爲耶穌比任何先知更大，乃是罪人的救主，所以祂能夠容許這蒙了赦免的罪婦在祂自己身上盡情抒發她感恩的愛意。

耶穌不但有超然的洞察力（40 節），祂更有赦罪的權柄。根據那女人的表現，耶穌知道她有了悔改赦罪的經歷，因此祂可以告訴西門說：「她許許多多的罪都已經蒙赦免了」（47 節，《現中》）。然而，祂不是僅以神使者的身分（像欽差大臣傳聖旨般）宣佈那女人的罪已蒙赦免（理論上第 47 節上半節可如此解釋）；祂乃是運用祂自己享有的權柄，向那女人宣告她的罪已得赦免（48 節），以致同席的人彼此對問[27]說：「這是誰，竟然赦罪呢？」（49 節，《新譯》）耶穌向那女人的直接宣告，乃是對她的一種保證：神已藉祂（耶穌）自己寬恕和接納了她；她對耶穌的信心，確已使她獲得神的救恩，因此她可以享受着這救恩所帶來的平安回去（50 節）。耶穌這樣公開地向她保證，也是爲要在人的面前洗脫她「罪人」的惡名，使她不致繼續受人歧視。就如耶穌論及悔改的稅吏撒該這樣說：「今天救恩到了這家，因爲他也是亞伯拉罕的子孫」（路十九 9），同樣，祂現在要法利賽人西門以及那些同席的人知道，這個「罪婦」的悔改是眞確的，她應當被接納歸回她所屬的社羣，重新享受一種正常的人際關係。

結語

以上的事實給予我們多方面的啓示和挑戰。

1 從兩個負債人的比喻可見，罪有如債項，罪人都欠了債，不論所欠多少，一律無力償還；惟有神可以開恩免了他們，把他們的罪債一筆勾銷（42節）。因此，赦罪（或說救恩）是神白白給人的一種恩典；人不能賺取救恩，而是因信得救（50節）。

2 赦罪得救的恩典，產生感激之愛；相反地，沒有感激之愛，表示一個人還沒有經歷赦罪之恩，甚或尚未認識自己的罪。「罪婦」與西門，分別以行動說明了比喻所要表達的正反二面的眞理[28]。

3 在一個男人掌權的社會中的一個男性的宴會上，一個被人蔑視的「罪婦」的悔改和信心獲得耶穌的承認，她所流露的熱愛受到耶穌的欣賞。這就强有力地說明了婦女在耶穌眼中有其天賦、獨立的重要性，耶穌帶來的救恩是爲男的也是爲女的，只要信祂便可得着。

4 罪人可分爲兩種：在律法底下犯罪的，如西門，和在律法以外（即忽視律法）的，如「罪婦」。西門雖然是個嚴守律法的法利賽人，但並不眞正認識自己的罪，沒有接受赦罪之恩，因此亦無流露感激之愛。另一方面，「罪婦」則知罪，悔改，獲得赦免，流露熱愛。要自以爲義的人悔改是難的；耶穌說：「我來本不是召義人悔改；乃是召罪人悔改」（路五32）。西門與「罪婦」的事實，可說是這句話極好的注釋。

5 耶穌毫不猶豫地接受西門的邀請。祂對罪人的愛不但使祂對那女人傳講赦罪之道在先，向她保證罪得赦免的事實在後；也使祂應邀赴宴，以比喻及指出西門與「罪婦」間的强烈對比，力圖幫助西門認識自己的缺欠。

6 耶穌擁有赦罪的權柄（49節）；「罪婦」因對祂流露感恩的熱愛而得到耶穌的讚許，西門則因缺乏感恩之愛，以致耶穌要向他提出挑戰。經文沒有交代西門對此挑戰結果如何反應，也沒有直接回答第49節的問題：當時的每一個聽者，及其後的每一個讀者，都要向這挑戰作出自己個別的回應。

7 面對耶穌的挑戰，只有兩個可能的回應：或是以祂爲一個妄稱有赦罪之權的假冒者，爲褻瀆神的狂徒；或是承認祂確是赦罪之主，罪人可從祂獲得赦罪的恩典，並應以感激之愛及相稱的行動回報祂赦罪的大恩[29]。

附注

1 此詞見《現中》本段標題。

2 「坐席」(*kataklinō*) 在本福音書中多指「坐在筵席上」(參十四 8，二十四 30)。耶穌以五餅二魚給五千人吃飽的事蹟中，祂吩咐門徒叫衆人一排一排的「坐下」(九 14、15)，所用的是同一個動詞。亦參本書頁13注 1。

3 在 36 節上原文，「他」字(中譯本作「耶穌」)介於「有一個」和「法利賽人」之間 (*tis auton tōn Pharisaiōn*)；此字句上不尋常的次序可能表示，耶穌被法利賽人請到家中赴宴——路加多次指出請耶穌的是個法利賽人(36 節上和下、37、39 節)，似乎有意要强調這事實——乃屬不常見的事。雖然如此，路加福音記載了另外兩次(十一 37，十四 1)。猶太人認爲，在安息日請一位過境的教師吃飯，是一件應得賞賜的善事，如果該位教師曾在會堂講道，則更應是這樣，這可能是西門請耶穌吃飯的部分原因。這次的宴會，亦可能是當地的知識分子被邀出席與耶穌(在會堂講道後)進一步討論神學問題的一個場合。

4 不過她不是個淫婦，按摩西的律法，淫婦(與姦夫)要被石頭打死(約八 7，引利二十 10；申二十二 22)。參 K. H. Rengstorf, *TDNT* I 327; S. J. De Vries, *IDB* IV 371。

5 原文的「哭」字不是 *dakryō*(約十一 35)，而是 *klaiō*(約十一 31、33；路七 13)。若嚴格地加以區別，前者指無聲的落淚，後者指有聲的哭泣。參 Thayer 347 (s.v. *klaiō*)。

6 猶太人通常用膳時的姿勢是坐着；但在飲宴時的姿勢，則是「側身向左半臥，面向着桌，腳往後伸」(《串釋》約十三 23 注)——並且是赤着腳的。

7 Bailey (*Peasant* 8) 指出，一個有罪的女人不能膏一個拉比的頭，她若這樣做會是一種過於大膽的行動；因此故事中的罪婦用香膏抹耶穌的腳，很可能是她原來的意思，而不是她因眼淚滴濕了耶穌的腳而生的應變之法。

8 在 38 節原文，「眼淚」與「自己的頭髮」都佔强調位置：「以眼淚她開始弄濕祂的雙腳，又以她的頭髮擦乾。」

9 猶太人的法典他勒目 (Talmud) 的證據顯示，一些拉比將婦人散髮與露胸視爲同類的行動。參 Bailey, *Peasant* 9。

10 原文 *myron* 可指香膏(英文的 ointment)或流質的「香油」(即以植物油加香料混合製成)；參 W. Michaelis, *TDNT* IV 800 ~ 801; J. A. Thompson, *IDB* III 732a。不過從粵語的角度來說，「香油」容易使人想起與寺廟祭祀有關的「香油」(如在「香油錢」一語中)。

11 「腳」意味着順服(得勝者將被征服者當作腳凳，參詩一一〇 1)，亦意味着謙卑(施洗約翰用「不配替耶穌解鞋帶」的講法，以强調自己與耶穌比較之下的卑微身分：見路三 16)。

12 Edersheim, *Life and Times* 1.568; Marshall, *Luke* 311 ~ 312; L. Goppelt, *TDNT* VIII 324 n. 63; G. Stählin, *TDNT* IX 139; H. Schlier, *TDNT* I 230 .

13 與此相反的意見，參 Bailey, *Peasant* 5 ；《串釋》路七 44 ～ 46 注。

14 即「老師」(《現中》)。《新譯》作「先生」，可能使人誤以爲是一種普通的稱呼(如在「先生、小姐」的用法)；若「先生」意指「老師」，那只是粵語的說法。原文 *didaskalos* 背後的亞蘭文 *rabbi* 一詞(中文音譯爲「拉比」，英文直譯爲 'my great one')，是一種尊稱；在路加福音，耶穌常被門徒以外的人稱爲「夫子」，這反映他們對耶穌的認識很膚淺，只以祂爲「老師」。

15 第 39 節的「這人」佔強調位置：「這個人，如果他是個先知……」——大有「別的人暫且不管，但此人肯定不是先知」之意。「先知」有古卷作「那先知」，指申十八 15 預言的那先知，當時被解釋爲那末世的先知，即彌賽亞(參約一 21，六 14，七 40)。但「那」字很可能是抄者加上去的注釋，因爲一個法利賽人會懷疑耶穌不只是個普通的先知，這個可能性極小。參 G. Friedrich, *TDNT* VI 842, with n. 386。

16 這句話的原文，RSV 直譯爲 'And Jesus answering said to him'; NEB 意譯爲 'Jesus took him up and said'。中文可譯爲「耶穌回答他說」；參 NIV, 'Jesus answered him'。Bailey (*Peasant* 12) 指出，「我有句話要對你說」這話，是今日通行於整個近東的慣用語，表示講者將要直言不諱，說一些聽者可能不想聽的話。

17 從太二十 2 可知，「一錢銀子」(*dēnarion*)——《新譯》作「一個銀幣」，《現中》作「一塊銀幣」——乃當時作散工的雇工通常一天的工資。參本書頁 29 注 25，及本書頁 74 注 18。路七 41 用同一個希臘字，但《和合》(一「兩銀子」)及《現中》(一「塊銀圓」)在繙譯上未能先後一致，可能使人產生不必要的混淆。

18 「愛」字在原文爲未來時態(*agapēsei*)；參《現中》。

19 開首的「我想」一詞，並不表示西門懷疑自己的答案是否一定正確，而很可能表示西門是在無可奈何的情形下回答耶穌的問題，因爲他意識到自己已陷入窘境：他的回答可說爲下文耶穌對他的批評(44 ～ 46 節)鋪好了路。參 G. Delling, *TDNT* IV 15。

20 在 44 節原文，「水」與「眼淚」均佔強調位置，二者形成强烈的對比：「水給我(倒在)腳上你沒有給」，但這女人「用眼淚濕了我的腳」。「用頭髮擦乾」則與「用眼淚濕……腳」平行；參上面注 8。不過同一個動詞在 38 節爲未完時態(*exemassen*, imperfect)，表示「擦」的行動在進行中；在 44 節則爲過去不定時時態(*exemaxen*, aorist)，因爲當耶穌對西門說話時，「擦」的行動是已完成的一個行動。

21 「沒有與我親嘴」原文直譯爲「一個吻(*philēma*, a kiss)給我你沒有給」，「一個吻」佔强調位置；不過，「我的腳」在原文並沒有被强調，因此不能認爲「嘴」與「腳」形成另一强烈對比。倘若西門要「用接吻禮歡迎」耶穌(《現中》)，他會吻耶穌身體的那一部分呢？平輩會吻對方的面頰，卑輩(如學生對老師、僕人對主人、兒子對父親)會吻對方的手；西門既尊稱耶穌爲「夫子」，則理應吻祂的手。耶穌並無明說「我的手你沒有吻」而只說「一個吻你沒有給我」，是由於祂敏銳的感性。參 Bailey, *Peasant* 16 ～ 17。耶穌說「這女人從我進來的時候」就不住的用嘴親祂的腳。除非這是一種誇張的講法，不然的話，這表示耶穌進入西門家裏的時候，這女人已經在場，或者至少她和耶穌同時進入西門家中。按此解釋，第 37 節「知道耶穌在法利賽人家裏坐席」，意即「有人告訴她，耶穌將會到西門家中赴宴」。參同書頁 7 。

22 第 46 節上半節原文的次序爲：「用油我的頭你沒有抹」，下半節的次序則如中譯。

23 留意主人所沒有作在耶穌身上的那些表示敬重的行動，是從腳到手到頭的，但這女人對耶穌的表示，則完全集中在耶穌雙腳上。參 G. Stählin, *TDNT* IX 139 n. 231 。

24 參 NEB 。有關原文 *hoti*（「因爲」）一字的這種用法，可參閱 Zerwick § 422 ； *Idiom* 147 。

25 在耶穌給西門的問題中（ 42 節），「愛」字所指的是欠債者獲債主免其債項之後的反應，因此必然包括「感激」之意。事實上，「愛」字在 42 及 47 兩節主要的意思，很可能就是「感激」，因爲在希伯來文、亞蘭文及敍利亞文三種文字中，根本沒有「感謝」一字，此字的意思，只能藉着包括「感謝」之意在內的另一些字，透過有關的上下文間接地表達出來，例如：「（因感激而）祝福」，及此處的「（因感激而）愛」。參 Jeremias, *Parables* 126 。

26 參 Bailey, *Peasant* 16 。

27 如此了解原文 *en heautois* 一詞，比解爲「心裏」較符合文理；參 RSV = NIV ('among themselves'), NEB ('...began to ask themselves') 。

28 關於「赦免多則愛多」此點， A. B. Bruce (*Training* 362) 認爲應以另一同樣深奧的眞理作爲補充：「我們必須感到赦罪者付出了很大代價來赦免我們，我們才能多多的愛祂。」

29 以上各點，參較 Bailey, *Peasant* 20 ～ 21 。

四　「識時務」的「俊傑」

——不義之管家的比喻
（路十六1～13）

1耶穌又對門徒說：「有一個財主的管家，別人向他主人告他浪費主人的財物。2主人叫他來，對他說：『我聽見你這事怎麼樣呢？把你所經管的交代明白，因你不能再作我的管家。』

3「那管家心裏說：『主人辭我，不用我再作管家，我將來做甚麼？鋤地呢？無力；討飯呢？怕羞。4我知道怎麼行，好叫人在我不作管家之後，接我到他們家裏去。』

5「於是把欠他主人債的，一個一個地叫了來，問頭一個說：『你欠我主人多少？』

6「他說：『一百簍油。』

「管家說：『拿你的帳，快坐下，寫五十。』

7「又問一個說：『你欠多少？』

「他說：『一百石麥子。』

「管家說：『拿你的帳，寫八十。』

8「主人就誇獎這不義的管家做事聰明；因為今世之子，在世事之上，較比光明之子更加聰明。

9「我又告訴你們，要藉著那不義的錢財結交朋友，到了錢財無用的時候，他們可以接你們到永存的帳幕裏去。

10「人在最小的事上忠心，在大事上也忠心；在最小的事上不義，在大事上也不義。11倘若你們在不義的錢財上不忠心，誰還把那真實的錢財託付你們呢？12倘若你們在別人的東西上不忠心，誰還把你們自己的東西給你們呢？

13「一個僕人不能事奉兩個主；不是惡這個愛那個，就是重這個輕那個。你們不能又事奉神，又事奉瑪門。」

這個比喻主要是對門徒說的（1節），但法利賽人也同時在場（14節，參十五2、3）；藉着指出這比喻的雙重對象，路加暗示這比喻對兩種聽衆都具有意義。

經文分析

對本段經文的一個主要解釋，認爲1至7節構成比喻本身，8節乃耶穌的評語，引出比喻的教訓，而9、10至12，及13節則分別爲對比喻之要點的不同解釋。這個解釋的關鍵，在於把8節上半節的「主人」[1]看爲耶穌，而不是管家的主人。這見解的主要理由是：管家的主人斷不會誇獎一個使他受虧損的管家；十八章6、8節的「主」和「我」皆指耶穌，比較之下，十六章8、9節的「主人」和「我」亦是指耶穌；「主人」一詞的原文在路加福音共出現十八次，每次均指耶穌[2]。可是另一方面，主人所誇獎者，純粹是管家的機智；十四章23、24節的「主人」和「我」分別指比喻中的主人和耶穌，相較之下，十六章8、9節的「主人」和「我」可作同樣解釋；第3、5兩節的「主人」分明指管家的主人。由此可見，並無必要把第8節的「主人」解爲耶穌；而且，以第7節作爲比喻的結束會顯得太過突然，以第8節上半結束則較爲完滿，因爲可以知道主人對管家所作之事的反應[3]。按此了解，本段經文可作如下分析：

1～8節上	比喻本身
8節下	耶穌加上的話，解釋主人爲甚麼誇獎管家，同時闡明了比喻的意義
9～13節	以「瑪門和神」爲主題的一段話

後面這段話，本來是與 1 至 8 節分開而獨立存在的，不過由於兩段在題材上顯然是相關的（不義的管家、不義的錢財、忠心），在用詞上亦有相同之處（尤其比較 4 與 9 節），因此被路加連在一起。後一段可說發揮了與比喻有關的一些題目，提出了一連串彼此相關的教訓[4]。

比喻本身
（ 1 ～ 8 節上）

比喻所敍述的可能是個眞實的故事，或反映一件眞實的事。我們要注意以下五點：

1 管家的身分

「管家」一詞的原文，可指一個城市的銀庫主管（羅十六 24），也可指一個富戶中的「首席」家僕，負有照顧及管理其他僕人之責（路十二 42），在本段則指一個富人的財產管理人。他有相當的權力，可以代表主人處理他的產業；他後來被辭退，而不是被降職，可見他不是個奴僕，而是個受薪的雇員。

2 管家的罪狀

這管家被人告他一狀，說他「浪費主人的財物」（1 節）。這裏的動詞，與十五章 13 節描寫小兒子「浪費貲財」所用的相同。看來這管家並非蓄意騙取或盜用主人的財物，而是由於疏忽職責而不適當地消耗主人的財物。「告狀」（《現中》）一詞，在原文總是指含敵意的指控，不管是正確的指控或無理的誣告[5]；從主人及管家雙方處理此項指控的嚴肅態度看來，可見管家的罪名是成立的。

3 管家的窘境

主人把管家召來，告訴他不能再作管家，並令他將「所經管的交代明白」（2節）。這包括把他「管理的帳目交代清楚」（《新譯》），並把他「經管的帳簿交出來」（《現中》）。管家必須把帳目整理好，以便接任者容易辦事[6]。他因失責而喪掉職位，不但不能再作這個財主的管家，恐怕也難另有人請他作管家，除非他有足夠的本錢遠離當地，到一處他被辭退的消息沒有傳到的地方，並且幸運地另找到新的管家職位。但似乎他自己也沒有考慮這個可能性。他心中盤算此事時，最初只想到兩個不能接納的可能性：以勞力謀生，或行乞度日（3節）。後來他好像頓有所悟，想到了一條脫離窘境的出路（4節）[7]。

4 管家的機智

雖然主人已對管家明說「你不能再作我的管家」，但管家被辭退可說是個過程，要待他把帳目交代清楚才告完成[8]；現在他還未把帳簿交出來，他尚未離開主人的屋子，他被辭退的消息尚未向外公佈，因此他還有最後的機會可以行使他的管家職權，為自己預備後路。他清楚知道，他惟一的出路，就是設法在所處的社羣中竭力地贏取別人的善意。

主意既定，他便把計劃付諸實行（5～7節）。他把主人的債戶一個一個的召來，將舊的欠單發還給他們，叫他們另寫數目較小的欠單[9]：欠一百簍油的，減為五十；欠一百石麥子的，減為八十。財主的債戶，可能是一些園戶，他們向財主租用田地，以指定百分率的部分收成作為一年的租金。不過從所舉二例的龐大數目看來，他們較可能是一些寫欠單交易的批發商。他們從財主所借的物品，可能就是欠單所注明的油和麥子，但鑑於那些龐大的數字，更可能的就是所借的其實是錢，不過欠單上以油及麥子表達，藉此避免觸犯摩西律法中不准猶太人向同胞放債取利的規例（參出二十二25；利二十五35、36；申二十三19、20）[10]。

管家這樣叫債戶改寫所欠的數目，一般解釋爲隨其所好的做法；但近來有學者指出，原來的數目實爲「本」及「利」的總和，而管家要他們重新寫的欠單，乃是將利息部分扣除，只將「本」的數目寫下。這位學者又提出了證據，表示耶穌當時的聽衆或讀者，不論是猶太人或希臘人，都會了解原來的欠單是包括利息在內的；而在埃及，食品的利息被制定爲五成（百分之五十），這數字大約接近比喻中油的利息（百分之百）與麥子的利息（百分之二十五）二者的平均數字[11]。按此解釋，管家以其主人之代理人的身分（參5節，「我主人」）免了債戶原來要付的利息，自然他不會忘記使他們相信，主人採取這優惠的行動，乃是他（管家）的功勞！

5 主人的誇獎

「主人就誇獎這不義的管家作事聰明」（8節上）。按通常的解釋，管家的「不義」在於他不合法地修改欠單的做法，但主人仍然稱讚「這個不誠實的管家的機警行爲」（《現中》），不是因他的做法本身從倫理角度値得讚許，而只是因他「作事機警」（《新譯》）這一點而已。主人的意思不是：「我讚許那聰明的管家，因他行了不義（做了不誠實的事）。」他的意思乃是：「我稱讚那不義的管家，因他行事機智；他用了行騙的技倆，但手段高明；他是個無賴，但是個頂聰明的無賴。」[12]但是按上一段所提那較新（和較好）的解釋，管家被稱爲「不義的」管家，是因他在此之前的行爲[13]。至於他叫債戶改寫欠單的行動，不但合法，因他是以尙未解雇之管家身分作的，而且是「義」的，因他（可能在其職權內第一次）做到了律法所要求的（借貸而不取利息）。藉着這行動，他爲自己贏得了好些朋友：那些債戶必然對他滿懷感激，他被解雇之後，大抵不愁沒有棲身之所（參4節）。他更使主人獲得了「虔守律法、不索取利息」的美名。主人若於此時不承認管家的行動，等於宣告自己是個壓搾別人的不虔敬分子。就算主人想要推翻管家所作的或控告他，亦會因礙於缺乏證據而不能成功（記得債戶是「一個一個的」來見管家，因此並無見證人；舊的欠單已還給債戶，因此無「呈堂證物」）[14]；他只好「將錯就錯」，或以「既來之則安之」的心態，甚或可能把它看爲另一種的交易，享受他全不應得的「敬虔者」的美譽！這樣，主人與管家同是「今世之子」。

四項教訓

從第 8 節下半至 13 節耶穌所說的話，我們可以看見由不義管家的比喻直接得來，及與此比喻有關的四項教訓：

1 要效法管家的機警行爲（8 節下）

耶穌解釋，主人所以誇獎管家的機警行爲，就是因爲今世之子確是「精明」（《新譯》、《現中》）的。管家的精明，在於他認識到自己處境危殆，而在緊急關頭腳踏實地，面對挑戰，果敢決斷地立即採取行動，爲自己的將來作出妥善的準備。耶穌謂今世之子，即「屬世界的人」（《當聖》），都懂得如何爲自己打算。然而他們這種精明，只是「在世事之上」（原文直譯爲「在他們自己的世代中」，意即在他們彼此的交往上）。耶穌把世人的精明描述爲「在應付世事方面」（《現中》）的，隱含了批評及挑戰之意：當時的聽衆正面臨歷史上最獨特的危急關頭——神藉着彌賽亞耶穌已臨到以色列民中間，要（對不信者）施行審判及（對信從者）賜下恩福；雖然他們就地上的事務而言是精明的，在與神的關係上卻是愚拙的，他們並沒有把握自己的處境，他們必須醒覺，採取行動，對彌賽亞的來臨作出抉擇和回應[15]。

今天，今世之子的處境仍如昔日，只是危機更大。因爲彌賽亞耶穌不但已臨到世上成就了救贖，也宣佈了神對罪的審判，並且祂要再來結束萬物、建立新天新地的日子日漸臨近。當最後審判臨到，信從了耶穌者得永遠與主同在，沒有聽從主耶穌福音的人則「永遠沉淪，就是離開主的面和祂權能的榮光」（帖後一8、9）。今天，屬世界的人「在應付自己的世事上」（《新譯》）仍是顯得十分精明，他們都懂得如何為自己的前途着想；他們全力以赴，努力「搏殺」，甚或不擇手段，務求達到目的。對於這樣的人，耶穌的挑戰乃是：不要只在地上事務的範圍內作精明的人，更要在屬靈意義上、在與神的關係上作個精明的人；要認清你的處境，把握時機，作明智的抉擇[16]。

耶穌的話有以上的含意；不過，這比喻主要是對門徒講的（參1節），因此第8節下半的重點，就其意義來說，不在「今世之子」而在「光明之子」。耶穌拿二者來作個比較，祂說屬於光明國度（即屬神）的人不及屬世界的人在今世的事上那麼精明。屬世的人（像那個不義的管家）的機智，使他們知道（就如在危急關頭時）應作甚麼及如何去作，但屬神的人反而身處末世的景況之中[17]，卻缺乏類似的機智。耶穌這話的弦外之音，大有「我的門徒，在神國的事務上，若有今世之子在應付世事方面的那種機智、靈巧、能耐、決心，那就好了！」之意[18]。這個信息到今天仍是適切的。不錯，在耶穌時期臨到以色列的歷史性危急關頭已成過去；但教會作為新以色列在今天仍處於末世的景況之中，並且那狹義的「末日」日漸臨近，基督仍然呼召教會在一切困難與挑戰中，顯出機智與決心、果敢決斷的態度和行動。今天的「光明之子」，若認清所處的末世景況、世人的需要、教會的需要、基督的心意，就應回應主的挑戰，投身侍主的行列，無論在甚麼崗位，都以協助擴展基督的國度為己任——這包括嚴肅地考慮全職事奉的可能性。

2　要善用錢財（9節）

耶穌教導人，「要藉着那不義的錢財結交朋友」。「錢財」原文為「瑪門」（與13節同），泛指任何財富。有些學者認為：「不義的錢財」正是中文所說的「不義之財」之意，指以不正當方法（例如騙取、強奪）得來的錢財，耶穌如此稱錢財，是因為所有的財富都涉及不義的成分（任何錢財在其「歷史」中難免曾是或會變為不義之財），惟一的處理方法就是把它用來事奉神[19]。不過，新近有學者指出，「不義的錢財」其實反映昆蘭社團的一句詞語，意即「今世的錢財」（《當聖》；參《現中》）[20]。今世的特徵就是「不義」，因為今世是個「邪惡的世代」（加一4，《新譯》），全世界都臥在那惡者的手下（約壹五19）。如此，「不義的錢財」就是指地上的財富，與天上的財富相對。以這些錢財「結交朋友」，不是指趨炎附勢地用金錢去「巴結」達官貴人，也不是泛指「廣結人緣」（《當聖》），而是特指樂善好施、幫助窮乏人。這似乎是字面上最明顯的意思。不過，這兒的「朋友」很可能是指神，耶穌的話就是說：要用你地上的財富來贏取神的友誼；要如此用你的財富，好贏得神作你的朋友[21]。這後一個解釋，可說包括了前一個解釋的意思在內，因為「憐憫貧窮的（《現中》：濟助窮人），就是借給耶和華；他的善行，耶和華必償還」（箴十九17）。

耶穌指出，錢財會有「無用」的時候。這字的原文在此有「到了盡頭、不復存在」之意[22]。雖然金錢本身不是永遠長存，正確地使用金錢卻可使人得以進「到永存的帳幕裏去」，即末日時要實現的「永久的家鄉」（《現中》；參徒十五16；啓七15，二十一3）[23]。把人接到永恆帳幕裏的「他們」，可能指那些受惠的貧窮人，為那些曾濟助他們的人作證並歡迎他們[24]；但更可能地，這兒的「他們」是一種避諱的說法，指天使作爲神的代表[25]。實踐耶穌於本節的教訓，可以使人避免陷入同章「財主與拉撒路」之比喻（19～31節）中那個財主的命運，而獲得比不義的管家更佳的接待：他只獲得那些債戶接他到他們家裏去──直至他們感到厭煩，或充其量直到他死爲止；神的接待，是進到永恆的帳幕、永久的家鄉裏去。

耶穌並非提倡靠行爲得救，不過祂的話確實指出：如何運用錢財，是作祂門徒的一種試金石。我們對主耶穌、對神的信仰，若不影響我們對金錢的運用，那我們信仰的眞實性是值得懷疑的。假如耶穌在本節的意思，只是局限於濟助窮人，這已給了我們信徒一項明確的責任：在個人認識的親朋中，在自己的教會或社羣中，在世界好些落後、貧乏的地區，都給我們提供很多實踐這教訓的機會。假如耶穌的意思眞的是說，我們要善用地上的財富，好贏得天上的朋友，那麼本節的應用自然更爲廣闊：施贈予窮人固然包括在內，亦包括以我們的財富支持神的工作，就是一切有助福音廣傳、神國擴張的事工。不論如何，這較廣的應用至少肯定可以從第11節引伸出來。以神所賜的財富尊榮神及幫助有需要的人，是舊新約一貫的教訓（參箴三9、10；林後九8；弗四28；徒二十34、35）。

3　要作忠心的管家（10～12節）

這幾節的主題，與比喻中的不義之管家恰成對比。第10節提出了基本的原則，隨後兩節把這原則分別應用於不義的錢財與眞實的錢財（11節）及別人的東西與自己的東西（12節）上。「最小的事」與「大事」意即事奉神的大小機會，像交銀予十僕（路十九11～27）之比喻中的銀子與城邑[26]；同一節的「不義」與「忠心」相對，意即不盡責、不可靠、不誠實（參《現中》）。第11節「不義的錢財」（參9節）指「現世的財物」（《現中》），相對之下，「那眞實的錢財」指來世的、天上的財富；後者稱爲「眞實的」，因它是屬新紀元的，有永遠常存的性質[27]。第 12 節是跟第 11 節完全平行的：「別人的東西」與「現世的財物」相等，「自己的東西」與「眞實的錢財」相等。現世地上的財富被稱爲「屬於別人的」（《現中》），來世天上的財富才眞正是「自己的」，這種講法的含意是：他們在地上所有的財富，都是以管家身分由神託付給他們的[28]。兩節所發的問題（「誰還把」）其實即「神不會把」之意[29]。

綜合這些細節，我們便得到這樣的圖畫：

小的機會＝今世地上的財物＝受託的東西
大的機會＝來世天上的財富＝自己的東西

兩節合起來所表達的信息乃是：倘若我們在受託的今世之地上財物上不忠心，神不會把來世的天上之財富給我們；我們若不忠心地運用今世的機會事奉神，神不會把來世更大的機會給我們。明顯的含意就是，今生的事奉乃是一種試驗，藉以檢定我們是否適合在來世接受更大的託付[30]。耶穌這話是以消極的方式表達（「誰還會」＝神不會）；其眞正的用意，自然是指示我們要在今世的財富上作忠心的管家，在來生便可獲得眞正的、天上的、永遠的財富。

耶穌稱地上的財富爲「很小的事」，這固然是與天上的財富相對而言，但這句話本身也提醒我們不要高估財富的價值。財富若被善用，可成爲自己及他人的祝福；更基本的是，金錢並非可有可無的東西，沒有金錢，就不能生存（至少不能自立）。可是有很多比金錢更重要、更寶貴的東西，都是不能以金錢換取得來的，就如眞摯的友情、美滿的婚姻、高尙的人格。尤其是天上的財富，更絕對不能藉着金錢得來：金錢不能使罪人逃脫神公義的審判（番一 18：「當耶和華發怒的日子，他們的金銀不能救他們。」）；曾有人妄以爲「神的恩賜是可以用錢買的」，但換來的乃是使徒嚴厲的斥責：「你的銀子跟你一同滅亡吧！」（徒八 20，《新譯》）在一個物質主義氾濫的時代和動盪不安的社會中，財富很容易成爲人惟一的保障、惟一追求的對象，和惟一衡量價值的尺度；耶穌的話給我們的提醒，是再適切不過的。

4 要專一地事奉神（13 節）

在這句話裏面，「僕人」指「家僕」（《新譯》）[31]；而「不能」非指客觀方面的不可能。一個奴僕的主人可能是一班人（徒十六 16、19）。一個家僕，亦可能同時有兩個主人（譬如：父親死後由兩個兒子繼承他的遺產）；倘若其中一個主人恢復奴僕的自由身而另一個沒有同樣作，他更會身陷「爲奴與自主參半」的景況中。耶穌的話就是假定了一個家僕要同時服侍兩個主人的情形；祂所說的「不能」，乃是指這樣的一個家僕，勢不能以奴僕伺候主人所應有的態度——集中全力服侍他一個人——同時服侍他的兩個主人[32]。「他要不是厭惡這個，喜愛那個；就是看重這個，輕視那個」（《現中》）[33]。

耶穌把這事實所說明的不變原則，應用在屬靈的範疇上，指出一項極重要的眞理：「你們不可能同時作上帝的忠僕，又作金錢的奴隸」（《現中》）。在人間的主僕關係上，一僕不能侍二主的原因，主要是他無法達到集中全力服侍一個主人的要求，那兩個主人不一定站敵對的地位。可是在屬靈領域上，還有另一個「不可能」的原因：神和瑪門對人的要求是完全背道而馳的。要作神的忠僕，就得全然委身、欣然捨己地事奉祂；作金錢的奴隸，則意味着堅持一己的權利，事事以自己的利益爲大前提。兩種事奉既然對象不同，目標與路線也就隨之迥異。作門徒的自然應當專一向神效忠，除非他們已準備好將人自私地認爲是利益的所有東西，都看爲無關重要而不受其奴役，否則作神忠僕的目標必定無法達到[34]。耶穌這句話也提示我們，不能將生命分割，在所謂「屬靈」的事上（如教會事工或活動）事奉神，在所謂「屬世」的事上（如日常的工作與生活）則事奉瑪門[35]。耶穌要我們在全部的生活上都事奉神，集中整個生命的力量向祂效忠——這可說是「歸耶和華為聖」最終的意思。

上述的四項教訓，後三項可說已隱含於第一項裏面[36]：我們若有（一）管家的機智，曉得對所處的末世景況作出適當的回應，也就會（二）善用錢財，幫助有需要的人及支持神的工作，（三）在受託的財富與機會上作忠心的管家，並且（四）專一地事奉神，不為瑪門所奴役。

附注

1 原文 *ho kyrios* ，可譯爲「主」。
2 Jeremias, *Parables* 45 .
3 Marshall, *Luke* 619 ~ 620 . 參 Bailey, *Poet* 102 ~ 105 。
4 關於 9 ~ 13 節應與 1 ~ 8 節分開來解釋此點，理由詳見 Bailey, *Poet* 100 ~ 118 。
5 BAGD 181, s.v. *diaballō*.「魔鬼」(*diabolos*) 與此動詞同一字根。參啓十二 10（雖然該處的「控告」原文用另一動詞 *katēgoreō* ）。
6 Derrett, *Law* 55. Bailey (*Poet* 97) 則認爲原文只有「交出帳簿」這方面的意思。
7 《當聖》的「啊！有了！」把原文動詞 (*egnōn*, aorist) 過去不定時時態的意味表達了出來。見 A. B. Bruce, *EGT* I 584b; Morris, *Luke* 247 。
8 經文中有兩個小節支持這個解釋：第 3 節「主人要辭退我了」(《現中》）一句中，動詞 (*aphaireitai*) 是用現在時態而非過去或完成時態；第 4 節「當我被辭退時」(*hotan metastathō*) 的講法，亦是把「辭退」看爲尚未發生的行動。
9 G. Schrenk (*TDNT* I 765 n. 12) 認爲「拿你的帳」這說法，使他不能不解釋爲管家叫債戶將欠單塗改。但較可能的是管家叫他們另寫新的欠單：參 A. B. Bruce, *EGT* I 585a; Marshall, *Luke* 619; Geldenhuys, *Luke* 415, 418 n. 8; Morris, *Luke* 247 。
10 Derrett, *Law* 66; Marshall, *Luke* 618. Caird (*Luke* 186 ~ 187) 解釋法利賽人如何「走法律罅」：他們說，律法的目的在於保障完全貧窮者免受壓搾，而不是要禁止人放債使債主及債戶同時得益。有些情形，債主與債戶可被視爲業務上的合夥人，給債主利息等於公平地分享一份事業的收益。因此他們定下這樣的規則：一個人若已有一點點（即使很少量）他想要借的物品，就不是個完全貧窮的人，在這情形下債主取利就不算違反「不許放債取利」的律例。而一個人無論如何窮困，總會仍有一點麥子（夠造一個餅）和少許油（夠點燈）；於是，麥子和油便最常被選爲表達錢債的「代名詞」，藉此免去違反摩西律法的罪名！亦參 Derrett, *Law* 60 ~ 61 。
11 Derrett, *Law* 65 ~ 72; 另參 Marshall, *Luke* 619; Caird, *Luke* 187; C. Brown, *NIDNTT* II 254, 837; Morris, *Luke* 245 ~ 246 。兩種物品不同的利率可能是由於其不同的性質所致：橄欖油較易混以雜質，故利率較高；麥子則很難混以雜物，因此利率較低（ Derrett, *Law* 71; Morris, *Luke* 247 ~ 248) 。
12 Manson, in *Mission and Message* 584; Thielicke, *Waiting Father* 97 .
13 G. Schrenk (*TDNT* I 157) 認爲「不義的管家」意即在其職責上不忠心的管家。一個較新的解釋，是以「不義」解爲「屬於今世，按照今世的原則行事」；見 Marshall, *Luke* 620; Ellis, *Luke* 199 。
14 Derrett (*Law 60*) 指出這方面的法律問題；亦參同書頁 72 ~ 73 。
15 參 Hunter, *Parables* 99 ~ 100 。與此不同的另一解釋，見 Derrett, *Law* 74 ~ 77 。

16 第 8 節上半「聰明」或「機警」原文是個副詞，下半節的「聰明」或「精明」則爲同一字的形容詞。此詞(*phronimos*)於路十二 42 形容忠心、按時分糧的管家，於太二十五 2 、 4 、 8 、 9 描寫預備好迎接新郎的童女；該兩個比喻的主旨，都是要人準備迎見再來之主。參 G. Bertram, *TDNT* IX 234 。

17 按廣義來說，「末世」可指耶穌降世爲人成就救贖及其榮耀再臨二者之間的整段時期。參來一 2 ； Bruce, *Hebrews* 3 with n. 14 。

18 Hunter, *Interpreting* 104, 105; Caird, *Luke* 186; Marshall, *Luke* 621 .

19 F. Hauck, *TDNT* IV 389 ～ 390; Derrett, *Law* 75 n. 2; Manson, in *Mission and Message* 585; Geldenhuys, *Luke* 416 .

20 見 Marshall, *Luke* 621 。 G. Schrenk (*TDNT* I 157) 亦反對將此詞解爲「不義之財」。他認爲原來的意思可能是迷惑人、虛幻而瞬即過去的財富（參可四 14 ），但其理由不夠充分。 Caird (*Luke* 188) 則認爲，錢財之所以被稱爲「不義的」，乃因金錢是神的對手，跟祂爭奪人的敬拜和事奉（ 13 節）。

21 Manson, in *Mission and Message* 585; Jeremias, *Parables* 46 n. 85; G. Stählin, *TDNT* IX 164 with n. 151.「朋友」在原文是複數的，但這點不足以推翻此解釋：見上引第三位作者。

22 BAGD 242, s.v. *ekleipō*; Marshall, *Luke* 621; C. Brown, *NIDNTT* II 837 ～ 838; W. Günther and H. Krienke, *NIDNTT* III 248 。

23 W. Michaelis, *TDNT* VII 378; Jeremias, *Parables* 46 n. 88 .

24 「接」字的原文 (*dechomai*) 常用於「接待、歡迎」之意，例如：路九 5 、 53 ，十 8 、 10 。

25 Marshall, *Luke* 621 ～ 622; M. J. Harris, *NIDNTT* III 812 .

26 參 Manson (*in Mission and Message* 585 ～ 586) 所提出拉比用的一些例子，包括摩西和大衛（二人都因在看羊的職責上忠心，而被神選召去帶領和牧養以色列民）。「最小」其實即「很小」之意（參《現中》）。

27 Marshall, *Luke* 623. 作者正確地指出，本節上下兩半不同時態的動詞（ *egenesthe* 爲過去不定時時態， *pisteusei* 爲未來時態）所形成的對比，表示「眞實的錢財」所指的是未來天上的財富，而不是神將福音託付給門徒。亦參 C. Brown, *NIDNTT* II 837; A. C. Thiselton, *NIDNTT* III 884; F. Hauck, *TDNT* IV 388 。

28 H. Bietenhard, *NIDNTT* I 684. 第 11 節提及「眞實的錢財」時，所用的字眼是「託付」而不是「給」（如 12 節下），這似乎和天上的財富是「自己的」此思想不大協調。這可能是受了上半節的思想（今世的錢財乃受託的錢財）影響所致；又或者反映出這樣的意思：天上的財富在「給」了天國的子民後，可稱爲他們「自己的」，但在終極性的意義上，卻仍是「託付」給他們的。

29 第 12 節「你們自己的」(*hymeteron*) 有古卷作「我們的」(*hēmeteron*) 或「我的」(*emon*)。原來的說法若是「我的」，下半節的含意就是天國的財富基本上乃是耶穌的產業，信徒皆因有分於主才能分享此天上的眞財寶；若是「我們的」，則表達耶穌與信徒共享天國財富之意，或指此財富乃父神與聖子所共有。但學者一般認爲「你們自己的」是原來的說法。參 Marshall,

Luke 624; F. Büchsel, *TDNT* Ⅰ 265 n. 2。

30 參本書頁71第3點；C. Brown, *NIDNTT* II 837～838。

31 原文爲 *hypēretēs*。本節的話亦見於太六24（惟一分別在於該處用「沒有一個人」，此處用「沒有一個家僕」）；這表示這句話原來是單獨一句的。路加把它連於上文，可能是因兩者都有「瑪門」一詞 (Jeremias, *Parables* 47; Ellis, *Luke* 200)。

32 K. H. Rengstorf, *TDNT* II 270～271. 亦參 Bailey, *Peasant* 59; Marshall, *Luke* 624。

33 「惡……愛」的對比，是一種希伯來語法，其實與後一句的「重……輕」的對比幾乎同義（參 O. Michel, *TDNT* IV 690；《當聖》：「厚此……薄彼」）。「重」字的原文 (*antechō*) 在此有「全心依附、熱切事奉」之意；參 BAGD 73, s.v.; H. Hanse, *TDNT* II 827。

34 Manson, in *Mission and Message* 425.

35 Edersheim, *Life and Times* 2.275.

36 這是單就本段經文的內容而言，而不是說不義管家之喻本身早有此用意。參本篇開首的「經文分析」一段。

五　審判與賞賜

——交銀與十僕的比喻

（路十九 11 ～ 27）

11 眾人正在聽見這些話的時候，耶穌因為將近耶路撒
冷，又因他們以為神的國快要顯出來，就另設一個比喻，
說：12「有一個貴冑往遠方去，要得國回來，13 便叫了他
的十個僕人來，交給他們十錠銀子，說：『你們去做生意，
直等我回來。』

14「他本國的人卻恨他，打發使者隨後去，說：『我
們不願意這個人作我們的王。』

15「他既得國回來，就吩咐叫那領銀子的僕人來，要
知道他們做生意賺了多少。

16「頭一個上來，說：『主啊，你的一錠銀子已經賺
了十錠。』

17「主人說：『好！良善的僕人，你既在最小的事上
有忠心，可以有權柄管十座城。』

18「第二個來，說：『主啊，你的一錠銀子已經賺了
五錠。』

19「主人說：『你也可以管五座城。』

20「又有一個來說：『主啊，看哪，你的一錠銀子在
這裏，我把它包在手巾裏存著。21 我原是怕你，因為你是
嚴厲的人；沒有放下的，還要去拿，沒有種下的，還要去
收。』

22「主人對他說：『你這惡僕，我要憑你的口定你的
罪。你既知道我是嚴厲的人，沒有放下的，還要去拿，沒
有種下的，還要去收，23 為甚麼不把我的銀子交給銀行，
等我來的時候，連本帶利都可以要回來呢？』

24「就對旁邊站著的人說：『奪過他這一錠來，給那
有十錠的。』

25「他們說：『主啊，他已經有十錠了。』

26「主人說：『我告訴你們，凡有的，還要加給他；
沒有的，連他所有的也要奪過來。27 至於我那些仇敵，不
要我作他們王的，把他們拉來，在我面前殺了吧！』」

這個比喻跟馬太福音二十五章14至30節所載「按才幹受託付」的比喻有不少相似的地方，但亦有許多不同之處；因此，對於兩個比喻間的關係，有二種不同的看法。一說認爲，二者原爲同一個比喻，經不同的演變而成爲兩個不同的版本；按這個看法，十錠銀子的比喻乃是合併兩個比喻而成的，就是在原來交銀予十僕的比喻（13、15節下～26節）之上，加入貴胄得國的比喻（12、14、15節上、27節）。另一說認爲，「交銀予十僕」和「按才幹受託付」，乃是耶穌在不同場合講的兩個不同的比喻。本文旨在根據路加福音所記載的十錠銀子的比喻，來解釋這比喻的意思，因此撇開其可能的歷史演變的問題，把它視爲路加獨有的一個比喻來討論。

比喻的原因
（11節）

耶穌和祂的十二個們徒，在最後上耶路撒冷的路程上（十八31，參九51），已經到了耶利哥（十八35，十九1），距離終點只差約十七英里（約二十七公里）的路程。第11節明說，耶穌設交銀予十僕的比喻是因爲已經接近耶路撒冷，又因爲衆人以爲神的國快要顯出來[1]。其含意就是，衆人以爲神的國將會在耶穌抵達耶路撒冷時立刻顯現出來，即是說，耶穌「要在耶路撒冷展開以神爲本的彌賽亞國度」（《串釋》路十九11注），那時「上帝的主權就要實現」（《現中》）。這個觀念在數日後便具體地表達了出來：當耶穌於受難週的首日凱旋進入耶路撒冷時，前行後隨者都喊着說：「和散那！奉主名來的是應當稱頌的！那將要來的我祖大衛之國，是應當稱頌的！高高在上和散那！」（可十一9、10）。在這些呼嚷着的羣衆心中，耶穌就是那到來建立彌賽亞國度的「以色列王」（約十二13）。神的國何時來到，是猶太人極爲關注的問題；法利賽人就曾以此問耶穌（路十七20），耶穌復活後升天之前，門徒所問的同樣是這個問題（徒一6）。耶穌知道，衆人以爲神的國即將於耶路撒冷開展這想法是錯誤的，就對他們講交銀予十僕的比喻；換言之，這比喻乃是針對他們對神國所存的錯誤觀念而設的，它同時間接地把有關神國的一些眞理表明出來。

比喻的結構
（12～27節）

比喻中的故事，以四件事爲其骨幹，依次爲：貴冑交銀予十僕（12、13節）、國人圖阻其得國（14節）、與僕人算帳（15～26節）、殺戮仇敵（27節）。由於14節的國人與27節的仇敵是同一班人，因此比喻中的主要人物就是貴冑、其僕人及其仇敵三者；而比喻的重點亦在於貴冑如何分別對待他的僕人和他的仇敵。

比喻的意義

這個比喻有三個主要的意思，兹分述如下：

1　神的國不會立即顯出來

貴冑要「往遠方去」被册封爲王，然後回來（12節）。在古代遠行，需時很久，貴冑是絕不會很快回來的，而是會離開一段相當長的日子。耶穌藉此暗示，神的國並非如衆人所以爲的會立即顯出來。

「神的國」亦稱「天國」[2]，其主要意思是神的統治，其次亦包括神統治所及的範疇（可分別稱爲國權與國度，或「轄治」與「轄區」）。神國的觀念，一方面是基於舊約的宣告及預言：耶和華爲王，因祂創造並管治萬物；祂特別是以色列的君王，因祂曾救贖以色列人脫離埃及，並與他們立約，他們要作祂的子民。其後王朝成立，以色列王乃耶和華選立的代理人，代表耶和華治理百姓。雖然以色列人背逆，先知仍然強調，耶和華終必作王，地上的國度必被廢棄，耶和華的聖民要領受神的國（但七 18）[3]。

另一方面，「神國」一詞乃源自後期猶太人對未來的盼望，指猶太人所熱切期待的神的介入和拯救，那時神要解救他們脫離仇敵之手，並要復興以色列。這個盼望特別與大衛家有關：耶和華曾特與大衛立約，要建立其國度直到永遠（撒下七 10 ～ 16），但大衛王國的光華在所羅門時代開始褪色，旋即分裂爲南北二國，北國以色列於主前七二一年被亞述所吞，而忠於大衛家的南國猶大亦在主前五八七年爲巴比倫所滅。然而，在此整段期間，神的衆先知（在北國有阿摩司、何西阿、以賽亞、彌迦；在南國有耶利米及以西結）仍不斷宣告，神與大衛家堅立之約終必實現；以西結預言將另有一個大衛興起，神對猶大族及大衛家的一切應許，藉着他都要實現（結三十四 23 、 24 ，三十七 24 、 25 ）。猶太人被擄歸回後，他們的首領所羅巴伯顯出他並非先知所言的那另一個大衛。其後大衛的子孫相繼在外族的波斯及希臘統治之下，雖然在主前一四二至六三年間曾一度獨立，但其後又落在羅馬政權底下，這使古舊的盼望再次旺盛起來：拯救將會由大衛家的一個君王而來，他會爲以色列民帶來公義與和平之統治[4]。

耶穌之生，就是應驗（並且超越）了舊約的預言及其盼望。不論是耶穌的先鋒施洗約翰，或是耶穌本人，都以「神國」爲其傳道的主題，宣佈此國已在耶穌身上降臨世間。綜合福音書的記載，可見神國的降臨是個過程，這過程與耶穌的生平有不可分離的關係[5]：藉着耶穌之降生及工作，神的國開始被建立；新生王的降生，代表神應許的初步實現，耶穌受洗得聖靈，就是祂被膏立爲王的時刻（參徒十 38 ）。藉着耶穌之死與復活，神的國得以確立；基督復活，可說是祂作王登基的時候（參太二十八 18）。藉着耶穌之再來，神的國將會完全實現[6]。由此可見，耶穌講這比喻的時間，仍屬神國開始被建立的時期（即第一階段），而衆人所以爲的神國顯現，其實是屬於神國完全實現的時期（即第三階段）。耶穌必先受死復活，確立國度（第二階段），其後才會再來，使神國完全實現於人間。比喻以一個往遠方去得國的貴冑爲主角，就是要指出，在耶穌的受死復活和祂的再來之間，有一段不能肯定的時間相隔着[7]。

神的國不會立即顯出來——這是比喻對當時的聽衆的信息。可是對於我們——處於主後二十世紀、快要踏進二十一世紀的讀者——這比喻卻應有相反的意義。因爲耶穌早已藉受死復活確立了神的國，神國不但已進入了第二階段，而且此第二階段已經過了差不多二千年的時間。我們不知道第三階段會於何時開始，亦即是說，我們不知道基督何時會再來使神國完全彰顯在人間；但耶穌和新約作者一貫的教訓，都是要我們儆醒謹守，等候主的再臨（例如可十三 32 ～ 37；帖前五 6 ～ 10）。這個信息不但沒有因時代的差距而失去或減少其適切性，反而隨着時光的飛逝而變得愈加迫切，就如經上所說：「我們得救，現今比初信的時候更近了」（羅十三 11）。又說：「萬物的結局近了，所以你們要謹愼自守，儆醒禱告」（彼前四 7）；「應當更加殷勤，使你們所蒙的恩召和揀選堅定不移……叫你們豐豐富富的得以進入我們主救主耶穌基督永遠的國」（彼後一 10、11）。

2 神國顯現即最後審判之時

在當時的猶太人心中，神國的顯現，會帶來政治局面的劇變，其結果就是一個以耶路撒冷爲首都的以色列帝國誕生了，並且成爲萬國的中心；就連耶穌的門徒，也曾有在耶穌國中坐於其左右之想（太二十 20 ～ 28；可十 35 ～ 45；留意太二十

24；可十41；亦參可十一10；徒一6、7）。但耶穌藉着比喻指出，神國顯現的意思與猶太人一般的期待迥異：它帶來的乃是最後的審判，忠心及順從者會得獎賞，叛逆及不忠者會受刑罰。比喻中得國回來的王一方面要審判仇敵，另一方面要跟祂的僕人算帳。

比喻中第12、14節所講的，與下面的歷史事實非常接近。希律大帝於主前四年駕崩，遺囑指定其子亞基老為繼承人；亞基老遂按當日的慣例，親自往羅馬，冀從皇帝處取得希律遺下的王國；但猶太人遣派代表團反對亞基老作猶太王，結果奧古士督只將希律的一半國土交給亞基老管轄，並只冊封他為「藩王」，而不是「王」[8]。比喻中的這一環節，代表了猶太人——耶穌「本國的人」——拒絕接受耶穌為王，雖然祂是以色列眞正的君王（參約十九15、16；徒十七7）[9]。反對亞基老作王的猶太代表團可說獲得部分成功，但比喻中的貴胄沒有像亞基老那樣遭受挫折，他成功地得國回來；這代表基督雖然遭受敵對，仍會帶着權柄榮耀回來。貴胄回來後，下令把他的那些仇敵拉來，在他面前殺掉[10]；照樣，基督再來時，也「要報應那不認識神和那不聽從我主耶穌福音的人。他們要受刑罰，就是永遠沉淪，離開主的面和祂權能的榮光」（帖後一8、9）。

有學者認為，路加似乎將貴胄往遠方得國回來，解釋為人子升天再回來施行審判，這樣做肯定是錯的，因為我們難以想像耶穌會將自己比喻為一個殘酷的東方暴君，目睹其仇敵在自己眼前被殺而心中大快[11]。但有幾點值得留意：

①我們可能會問：救主耶穌的慈愛與溫柔是難以想像和描寫的，祂怎會這樣施行報復？但正因為祂是如此慈愛溫柔，那些恨祂、拒絕祂這樣的一位救主的人豈不是配得最嚴厲的報應[12]？

②比喻中並無提示，那貴胄是個幸災樂禍的人；就算（假定說）貴胄眞是眼見仇敵被殺戳而心中大快，我們也不能將此種

心態影射到耶穌身上。面對祂將要在其中受審訊、遭凌辱、被釘死的聖城耶路撒冷時，祂還為它的厄運哀哭（路十九 41 ～ 44）；祂的心腸，正是主耶和華的心腸。「主耶和華說，惡人死亡，豈是我喜悅的麼？不是喜悅他回頭離開所行的道（而得以）存活麼？」（結十八 23）

③我們可能因 27 節那凌厲的結論而感到戰慄，但在這陰沉圖畫的後面，是一件非常嚴肅的事實：耶穌來到世上，叫每一個人都受到試驗（參約三 18）[13]，迫使每一個人都作出決定；這個決定不是無關重要的，乃是關乎生死之抉擇。「智慧」指着自己說的話，亦適用在基督身上：「尋得我的，就尋得生命，也必蒙耶和華的恩惠。得罪我的，卻害了自己的性命；恨惡我的，都喜愛死亡。」（箴八 35、36）[14] 基督就是神藉以拯救世人的智慧（參林前一 24、30），祂指着自己說：「神差祂的兒子降世，不是要定世人的罪，乃是要叫世人因祂得救。信祂的人，不被定罪；不信的人，罪已經定了，因為他不信神獨生子的名。」（約三 17、18）

貴冑得國回來，就把那些不要他作他們王的人殺了。同樣，基督凱旋再臨之日，也要在全地施行審判，凡選擇不要祂作他們生命中的王的，或沒有選擇基督作他們生命中的王的（二者共同的事實，就是他們都沒有讓基督在他們身上作王），都要受到作基督仇敵的報應。

除了審判仇敵外，得國回來的貴冑另一項工作，就是和他的僕人算帳[15]；他「要知道他們作生意賺了多少」（15 節）。貴冑與其僕人算帳，代表了信徒要向基督交帳的事實，同時也說明了幾項跟事奉與賞賜有關的原則。頭一個僕人（16、17 節）可謂長袖善舞，他作生意獲得十倍盈利[16]；主人就稱讚他是個「好僕人」[17]，對他的忠心表示欣賞[18]，並把十座城給他管理。由此看來，貴冑最初交給其僕人不多的錢，只是要試驗他們的忠心，藉以斷定誰適合負起更多、更大的責任[19]。在這裏我們看見兩項相關的原則：第一，在工作、事奉上忠心，會帶來更多的機會、更大的責任。第二，在小事上忠心，已有大賞賜。首個僕人忠心地運用受託的一錠銀子，結果贏得管理十座城的權柄；他所得的賞賜可說是和他的工作完全不相稱的，這就清楚地向我們提示，賞賜是出於神，也是按着神的慷慨，不是按照人所應得的[20]。

第二個僕人（18、19節）的盈利率是五倍；主人給他管理五座城，卻沒有說稱讚的話。第二個僕人所得的賞賜，只是首個僕人的一半，而且他沒有得到主人的稱讚；這兩點都向我們提示，主人認爲他原本是可以獲得更大盈利的，不過他的忠心和努力不及首個僕人，他的盈利率從而減半，因此他的賞賜也就相應減少。這說明了另一項原則：賞賜的多少，乃視乎忠心的程度。我們若比較按才幹受託付的比喻和交銀子十僕的比喻，就可以更清楚地看見這一點眞理。在前一個比喻裏，那賺五千銀子的和那賺二千銀子的僕人，從主人所得的稱讚與賞賜是完全一樣的（太二十五20～21、22～23）；這是因爲他們的才幹雖然有別，因此受託的數目也有分別，但他們忠心的程度是一樣的。後一個比喻似乎假定了相同的機會和相等的才幹，但不同的忠心程度帶來了不同的成績與賞賜。這兩個比喻，雖然各有重點，但都同樣隱含了「按忠心得賞賜」的原則。

第一、二個僕人代表了對主人的託付兩種不同的回應和結果，此外，還有另一種完全不同的回應和結果。第三個僕人[21]把所領得的一錠銀子「包在手巾裏存着」（20節），然後原封不動地把它交還給主人[22]。他對主人解釋這種缺乏進取之行動時，所用的藉口就是說，主人是個嚴厲的人，「沒有放下的，還要去拿；沒有種下的，還要去收，」（21節）[23]因此他就懼怕。他的恐懼可能包括兩方面：他怕做生意得來的利益，要全部歸給主人，自己完全無分；他也怕生意若虧本，主人便要他賠償[24]。從 20 節的話看來，他可能滿以爲主人會因他的小心（將銀子妥爲保存）和誠實（將銀子原數奉還）而嘉許他；可是，主人不但沒有嘉許他，反稱他爲「惡僕」，不但不接納他所給的藉口，反而要憑他的話定他的罪（ 22 、 23 節）。他是「惡」僕，一方面是因他沒有像那「良善的」第一個僕人履行主人所託，乃是個無用的僕人[25]；另一方面是因他明知主人嚴厲（暫且假定他對主人的認識是正確的），還不把銀子存入銀行生息[26]，表明他對主人的事漠不關心。結果，他的一錠銀子被取去，給了那有十錠的，即第一個僕人[27]。

當「侍立在左右的人」（ 24 節，《現中》）[28]按照嚴格的「論功行賞」的原則提出抗議時（ 25 節；他們似乎不喜歡「紅利」的觀念！），主人就鄭重地宣告一項原則，來顯明他的判決是有理的：「凡有的，還要加給他；沒有的，連他所有的，也要奪過來。」（ 26 節）這兒的三個「有」字，是用在兩個略爲不同的意義上：第三個「有」字，是普通字義上的意思，第一、二個「有」字，則有「擁有並且善加使用」之意。第三個僕人最初有一錠銀子，但他沒有善爲使用，因此可稱爲「沒有的」。

主人對第三個僕人的反應，爲我們提示了至少兩項重要的眞理。第一，在屬靈的領域上，「無賺無蝕」就等於虧損，因爲主人的心意，明顯是要僕人拿他所交託的銀子去作生意，使他最後可以「連本帶利……要回來」。一個沒有傷害別人也沒有糟蹋自己，但卻沒有爲主的緣故造益他人的生命，是一個叫主受虧損的生命，因爲這樣的一個生命顯得對基督國度的利益漠不關心，沒有在福音的事上使主獲得任何的「盈利」。一個自私自利、罔顧別人的權益，甚或損人利己的生命，就更不用說了。換一個講法，第三個僕人的鑑戒，乃是要我們記得，若要跟從耶穌，就得把生命投資，而不是爲自己保存生命[29]。再者，第三個僕人原有的一錠銀子，被取去交給已有十一錠的第一個僕人；由此可知，比喻中的主人不但以更大的責任爲賞賜（十座、五座城），亦以僕人所賺得的利潤爲賞賜（十錠、五錠）。根據此點，主人說出了26節的話；這話性質像句諺語，可以應用在許多事上[30]，不過其原意是要宣告一項重要的屬靈原則：屬靈的生命與事奉，就像做學問一樣，彷如逆水行舟，不進則退。愈忠心運用已有的恩賜、機會，愈能領受更多；愈不忠心使用神所託付的一切，愈會變成貧乏。引伸這項原則，會帶來以下的結果：逐漸地，所有的恩賜會集中在忠心事奉主的人身上，而從不忠心、不盡責的信徒身上收回[31]；於是有用者愈來愈有用，無用者愈來愈無用；忙者愈忙，閒者愈閒；在屬靈的意義上，貧者愈貧，富者愈富。不過，這是因有不忠心的僕人才會引起的現象；主的心意，是要所有信徒作忠心的僕人。

3 神國顯現之前，乃一試驗時期，屬祂的人有責任爲祂作工

貴胄往遠方得國，將銀子交予十僕；同樣，將要得國回來的耶穌基督，已將「銀子」交給每一個屬祂的人，這包括一個人的生命（肉身的和屬靈的）、恩賜，以及那宣講「悔改信主、因信稱義、罪得赦免、領受聖靈」的福音（參徒二38，十三38、39）。僕人所領得的一錠銀子，是必須用來作生意的，不然的話，就是背約（參13、22、23節）；同樣，信徒也必須忠於所託，不但要直接或間接地參與傳福音、建立教會的工作，也要在工作崗位上作世上的光與鹽，藉着個人生命的見證，以及在能力範圍內影響有關機構或社會的風氣和決策，在每一個階層中爲基督賺取利益。在比喻中，主人藉着僕人作生意的表現來試驗其忠心，然後按其忠心行賞；同樣，信徒在今生的事奉是一種試驗，主要憑我們現在的忠心程度來鑑定我們將來在神國裏的工作崗位。最後，主人吩咐僕人去作生意，「直等我回來」；信徒的事奉，也是要一生之久，或是

（主若不遲來）直到主回來。

當我們見主榮面，為自己受託的生命向主交帳時，未知祂會怎樣評估我們——「惡僕」（22節）？「善僕」（17節）？「未全然盡忠的僕人」（19節）？

附注

1 「快要」或「就要」(《現中》)原文(*parachrēma*)為「立刻」之意。

2 前者是新約書卷的主要用詞，後者為馬太福音(因避諱而採納)的獨特用語；參陳：《新約神學》頁 11 ～ 13 。

3 參同上，頁 13；較詳細的討論見 Bruce, *Development* 22 ～ 31 。

4 參 Bruce，同上，頁 68 ～ 82 。

5 參較陳：《新約神學》頁 20 ～ 28 ，特別是頁 28 之簡圖。

6 神國實現的三個階段，若以英文表達，可分別描寫為：in process of inauguration, fully inaugurated, finally consummated. 神的國與「祂愛子的國」(西一 13)基本上為同一個國，因此有時稱為「基督和神的國」(弗五 5)或「我們的主和祂所立的基督的國」(啓十一 15 ，《新譯》)。神藉着基督設立了祂的國度，如今藉着基督施行祂的統治；至少就保羅的用法來說，似乎「基督的國」指神國現今的階段，「神的國」則指神國最後完成的階段(林前十五 24 、 50)。參馮：《帖前釋》頁 170 ～ 171 ； B. Klappert, *NIDNTT* II 388 。

7 第 12 節的「往」字，與二十二 22 的「去世」，在原文是同一個字(*poreuomai*)。比喻與上一段(十九 1 ～ 10)的緊密關係(見 11 節上)，亦是襯托出此點：雖然神的救恩「今天」已藉着耶穌臨到以色列的子孫，但人子來施行審判的末期，則仍屬未來。參 Marshall, *Luke* 703 。

8 即 ethnarch 而非 king 。太二 22 稱亞基老為「猶太王」只是禮貌的稱呼。有關希律大帝死後巴勒斯坦的統治形勢，見《串釋》頁 655 之附錄。 Morris (*Luke* 274) 指出，耶穌若於此處眞的暗指亞基老的事件，是特別適當的，因亞基老曾於耶利哥(參上面「比喻的原因」一段的開首)建造華麗的宮殿和一條灌溉用的導水渠。

9 按 A. B. Bruce (*EGT* I 606a) 的解釋，「我們不願意這個人作我們的王」，是比「我們願意這人不作我們的王」更強的表達方式。

10 就如撒母耳在耶和華面前將亞瑪力王亞甲殺死(撒上十五 33)。參 O. Michel, *TDNT* VII 934 n. 40 。

11 Jeremias, *Parables* 59 ～ 60 .

12 Hendriksen, *Luke* 863 .

13 Bruce (*John* 91) 用這個說明來解釋本節的意思：當一些偉大的藝術作品被放在展覽室供人觀賞時，其實不是那些參觀者在品評那些藝術精品，而是他們對所見之作品的反應，顯示了自己的欣賞能力有多少。在審美的範疇中如是，在屬靈的領域上亦是如此。人若低貶基督，或認為祂不配得到自己對祂效忠，其實並非對基督作了批判，乃是對自己作了批判，定了自己的罪。

14 參 Manson, in *Mission and Message* 609 。

15 比喻中僕人的數目是十個，不是十二個；這暗示那些僕人並不代表十二使徒。在巴勒斯坦，「五」經常用作一個小的成數，相等於「大約半打」；延伸這種用法，「十」可能相等於「大約一打」。參同上，頁 607; F. Hauck, *TDNT* II 37 。

16 由於當時的高利率和優厚的佣金，十倍的盈利是可能的。參 Marshall, *Luke* 705。Morris (*Luke* 275) 指出頭兩個僕人謙遜的說法：「你的一錠銀子……賺了……」（不是「我賺了」）。

17 《現中》這個譯法較「良善的僕人」（《和合》、《新譯》）爲佳；因爲這僕人的「好」處，在於完成他的責任。

18 第 17 節「在最小的事上」意即「在金錢的事上，而且數目不大」。每個僕人的資本是一錠銀子，原文作一「彌拿」(*mna*)，相等於「一百銀幣」（《新譯》），約值當時一個雇工一百天的工資。參本書頁29注 25，本書頁 43 注 17。

19 A. B. Bruce (*EGT* I 606b) 指出，貴冑要他的僕人作生意，藉此試驗他們的品格，這做法是適當的，因爲作爲城市的總督，他們會需要處理稅收的事情。

20 參 H. Preisker, *TDNT* IV 716 ～ 717；亦參 O. Michel, *TDNT* IV 657 所引 Schlatter 的話。

21 第 20 節「又有一個」原文有冠詞 (*ho heteros*)，直譯爲「另外那一個」。有學者根據此點，認爲在最初的比喻中，僕人的數目是三個（太二十五 15），路加把它提升至十個 (Jeremias, *Parables* 27 ～ 28)。另有學者對冠詞作如下的解釋：比喻中向主人交帳的那三個僕人，代表了十個僕人之中三種不同的回應；第一、二種回應描述完畢，代表第三種回應的僕人便可以形容爲「另外那一個」；參 Ellis, *Luke* 223; Geldenhuys, *Luke* 478 n. 12。不過，Marshall (*Luke* 706) 認爲這種解釋並沒有解決冠詞所引起的困難（即比喻提及十個僕人，卻稱第三個爲「另外那一個」）。

22 這裏的「手巾」（*soudarion*；約十一 44，二十 7，徒十九 12 所用的是同一個字）是塊約三英尺丁方、用來遮太陽及抹汗的頭巾。按猶太拉比的律法，用巾把錢包着，不像把它埋在地裏（太二十五 25）來得安全，若失去了，看管者也要負責賠償（埋在地裏則不必）；見 Jeremias, *Parables* 61 n. 51。

23 「嚴厲」一詞 (*austēros*)，有「嚴峻、苛求」之意，就像要從石頭取血一般。見 MM 93, s. v.。亦參 K. L. & M. A. Schmidt, *TDNT* V 1028。「放下」作爲一個商業用詞，意即「投資」（參 C. Maurer, *TDNT* VIII 155）；《新譯》「沒有存的要提取」，似乎把此字的商業意思更明確地解釋爲「存入銀行」（參 Jeremias, *Parables* 59 n. 40）。《現中》「不屬你的」純爲一種意譯。

24 Marshall (*Luke* 707) 正確地指出，這些細節只屬比喻之框，不應按寓意解經法來解釋。將第三個僕人解釋爲代表只知守律法而未嘗恩典滋味的信徒，或代表掛名的基督徒，都流於寓意式解經；分別見 Godet, *Luke* 2.222; Arndt, *Luke* 393a。

25 參 G. Harder, *TDNT* VI 554。

26 「銀行」在原文爲「桌子」(*trapeza*)，即兌換銀錢之人的桌子（見約二 15）。

27 嚴格來說「十錠」應爲「十一錠」——最初領得的一錠，加上其後賺來的十錠。把一錠銀子加給一個已有十座城的統治權的人，可說是一種微不足道的禮物；不過這一項細節的作用，在於說明 26 節所提出的原則——說得準確一點，在於提供一件事例，藉此使 26 節的原則可被宣告出來。參 Morris, *Luke* 276 。

28 這些「旁邊站着的人」可能指其他的僕人，也可能指王的「侍衛」(《新譯》；參 Manson, in *Mission and Message* 608)。

29 參 Gundry, *Survey* 177 。比喻中沒有提及有僕人做生意而虧本，甚至似乎沒有容許做虧本生意的觀念；這可能暗示，在屬靈的意義上，做生意一定會帶來盈利，多少則視忠心與努力的程度而定。

30 參 H. Hanse, *TDNT* II 827 。

31 參 Godet, *Luke* 2.223 。

簡寫表

《和合》	《新舊約全書》（香港聖經公會；現代標點符號新約全書，一九七八）
《思高》	《聖經》（香港思高聖經學會，一九六八）
《新譯》	《新約全書新譯本》（香港中文聖經新譯委員會，一九七六）
《當聖》	《當代聖經》（香港天道，一九七九）
《現中》	《聖經——現代中文譯本》（香港聖經公會，一九八〇）
《串釋》	《聖經——串珠・註釋本》（香港，中國神學研究院編撰，證道出版社出版；新約全書，一九八四，舊約全書，一九八六，新舊約全書，一九八七）
AV	Authorized (King James) Version
BAGD	W. Bauer-W. F. Arndt-F. W. Gingrich-F. W. Danker, *A Greek-English Lexicon of the New Testament and Other Early Christian Literature* (Chicago 1979)
BDF	F. Blass-A. Debrunner-R.W. Funk, *A Greek Grammar of the New Testament and Other Early Christian Literature* (Chicago 1961/1967)

EGT	*The Expositor's Greek Testament*, ed. W. R. Nicoll (5 vols; Grand Rapids, 1961 reprint)
IBD	*Illustrated Bible Dictionary*, rev. ed. N. Hillyer (3 parts; Leicester 1980)
IDB	*The Interpreter's Dictionary of the Bible*, ed. G. A. Buttrick *et al.* (4 vols; New York 1962; supplementary volume 1976)
Idiom	C. F. D. Moule, *An Idiom Book of New Testament Greek* (2nd ed.; Cambridge 1959/1968)
ISBER	*The International Standard Bible Encyclopedia*, ed. G. W. Bromiley *et al.* (fully revised, 4 vols; Grand Rapids 1979 ~ 88)
MM	J. H. Moulton-G. Milligan, *The Vocabulary of the Greek Testament* (London 1930/1972)
NASB	New American Standard Bible
NCB	New Century Bible
NEB	New English Bible
NIDNTT	*New International Dictionary of New Testament Theology*, ed. C. Brown (E.T., 3 vols; Grand Rapids 1975 ~ 78)
NIGTC	New International Greek Testament Commentary
NIV	New International Version
NLCNT	The New London Commentary on the New Testament
Phillips	'The New Testament in Modern English', translated by J. B. Phillips, in *The New Testament in Four Versions* (Washington,

	D. C. 1965)
RSV	Revised Standard Version
RV	Revised Version
TDNT	*Theological Dictionary of the New Testament,* ed. G. W. Bromiley (E.T., 9 vols; Grand Rapids 1964 ~ 74), with index (10th) volume by R. E. Pitkin (1976)
Thayer	J. H. Thayer, *A Greek-English Lexicon of the New Testament* (New York n.d.)
TNTC	Tyndale New Testament Commentary
Zerwick	M. Zerwick, *Biblical Greek* (E.T.; Rome 1963)

參考書目

（在書中［附注部分］以作者姓氏及縮短的書名［或文章題目］引述）

陳濟民著：《新約神學淺介》（香港，中國神學研究院，一九八二）

馮蔭坤著：《帖撒羅尼迦前書註釋》（香港天道，一九八九）

Arndt, W. F., *The Gospel According to St. Luke* (St. Louis, Missouri 1956)

Bailey, K. E., *Poet and Peasant* (Grand Rapids 1976) [cited as *Poet*]

Bailey, K. E., *Through Peasant Eyes* (Grand Rapids 1980) [cited as *Peasant*]

Bruce, A. B., *The Training of the Twelve* (Grand Rapids 1976 reprint)

Bruce, F. F., *Commentary on the Epistle to the Hebrews* (NLCNT; London 1964)

Bruce, F. F., *The Gospel of John* (Grand Rapids 1984)

Bruce, F. F., *New Testament Development of Old Testament Themes* (Grand Rapids 1968)

Caird, G. B., *Saint Luke* (Penguin Books 1974)

Derrett, J. D. M., *Law in the New Testament* (London 1974)

Edersheim, A., *The Life and Times of Jesus the Messiah* (2 vols; Grand Rapids 1963 reprint)

Ellis, E. E., *The Gospel of Luke* (NCB; rev. ed., London 1974)

France, R. T., *The Man They Crucified* (London 1975)

Geldenhuys, N., *Commentary on the Gospel of Luke* (NLCNT; London 1961)

Godet, F., *A Commentary on the Gospel of St. Luke* (E.T., 2 vols; Edinburgh n.d.)

Gundry, R. H., *A Survey of the New Testament* (Exeter 1970)

Hendriksen, W., *The Gospel of Luke* (Edinburgh 1978)

Hunter, A. M., *Interpreting the Parables* (London 1960) [cited as *Interpreting*]

Hunter, A. M., *The Parables Then and Now* (London 1976) [cited as *Parables*]

Jeremias, J., *The Parables of Jesus* (E.T.; London 1976)

Linnemann, E., *Parables of Jesus* (E.T.; London 1980)

Major, H. D. A., Manson, T. W., and Wright, C. J., *The Mission and Message of Jesus* (New York 1938)

Marshall, I. H., *The Gospel of Luke* (NIGTC; Exeter 1978)

Morris, L., *The Gospel according to St. Luke* (TNTC; Leicester 1974/1980)

Robertson, A. T., *Word Pictures in the New Testament* (6 vols; Nashville n.d.)

Stein, R. H., 'The Interpretation of the Parable of the Good Samaritan', in *Scripture, Tradition, and Interpretation* (E. F. Harrison Festschrift), ed. W. W. Gasque and W. S. LaSor (Grand Rapids 1978), 278 ~ 295

Thielicke, H., *The Waiting Father* (E.T.; Cambridge 1978)

讀者意見表

緊扣時代 服事教會

以文字傳揚基督真道

衷心多謝你購買本社書籍。本社一直致力以出版事工服事教會，幫助信徒扎根於神的話語，促進靈命增長。為使我們的出版更能滿足你的需要，請填寫下列各項資料，並寄回或傳真予本社。

所購書籍：＿＿＿＿＿＿＿＿＿＿＿＿

本書最吸引你的地方：
☐作者 ☐適切性 ☐文筆 ☐設計 ☐實用性
☐其他：＿＿＿＿＿＿＿＿＿＿＿＿

購買本書地點：
☐基道書樓 ☐基督教書店 ☐非基督教書店

性別：☐男 ☐女 職業：＿＿＿＿＿＿

信仰：☐基督徒 ☐非基督徒

年齡：☐16歲或以下 ☐17～25歲 ☐26～35歲
☐36～55歲 ☐56歲或以上

學歷：☐中三或以下 ☐中五 ☐預科
☐大學 ☐研究院

☐我欲更多了解基道出版社的事工及考慮支持，請寄給我下列資料：
☐機構簡介 ☐新書資料 ☐基道會員通訊
☐《基道文字事工通訊》

姓名：＿＿＿＿＿＿＿＿＿＿ 電話：＿＿＿＿＿＿

地址：＿＿＿＿＿＿＿＿＿＿＿＿＿＿＿＿

傳真：＿＿＿＿＿＿＿＿ 電子郵件：＿＿＿＿＿＿

其他意見：＿＿＿＿＿＿＿＿＿＿＿＿＿＿

多謝賜教！

意見表可以傳真（2687-0281）或直接郵寄以下地址：
香港沙田火炭坳背灣街26號富騰工業中心1011室
基道出版社編輯部收